DOMAINE DU POSSIBLE

La crise profonde que connaissent nos sociétés est patente. Dérèglement écologique, exclusion sociale, exploitation sans limites des ressources naturelles, recherche acharnée et déshumanisante du profit, creusement des inégalités sont au cœur des problématiques contemporaines.

Or, partout dans le monde, des hommes et des femmes s'organisent autour d'initiatives originales et innovantes, en vue d'apporter des perspectives nouvelles pour l'avenir. Des solutions existent, des propositions inédites voient le jour aux quatre coins de la planète, souvent à une petite échelle, mais toujours dans le but d'initier un véritable mouvement de transformation des sociétés.

ENSEMBLE
POUR MIEUX
SE NOURRIR

Ce livre a bénéficié du soutien de la fondation Daniel et Nina Carasso, du Secours Catholique et de l'association Vrac France.

Collection créée par Cyril Dion en 2011.

ISBN 978-2-330-14743-3
www.actes-sud.fr

FRÉDÉRIC DENHEZ ET ALEXIS JENNI

ENSEMBLE POUR MIEUX SE NOURRIR

ENQUÊTE SUR LES PROJETS SOLIDAIRES ET DURABLES POUR SORTIR DE LA PRÉCARITÉ ALIMENTAIRE

SOUS LA DIRECTION DE BORIS TAVERNIER

PRÉFACE DE VÉRONIQUE FAYET

DOMAINE DU POSSIBLE
ACTES SUD | COLIBRIS

PRÉFACE

Au commencement, il y a la table et elle occupe une place de choix dans notre culture. Du *Banquet* de Platon à celui de *Gargantua*, en passant par les Noces de Cana ou la sainte Cène, l'essentiel de nos vies se passe autour d'une table et de mets, savoureux si possible. La table est le lieu du partage et des retrouvailles, de la convivialité et de l'amitié, des rires et des larmes, des querelles et des réconciliations. La table est un art, une esthétique et une éthique, un lieu où la tradition de "la part du pauvre" a longtemps perduré pour les indigents de passage. Table de fête mais aussi table quotidienne qui réunit la famille. Cette table-là n'a pas de prix, pour autant qu'il y ait quelque chose à mettre dessus et que cette chose, ce plat à partager soit bon. Imaginons-nous un instant réunis avec nos enfants, nos amis autour d'un plat "gélatineux, sans goût ni texture" pour reprendre les mots de la nutritionniste de la banque alimentaire à Lyon. Une fois, pour dépanner, on peut accepter les raviolis ou les steaks sans viande en provenance de l'UE, mais tous les jours ? C'est insupportable et de plus gravement nuisible pour la santé. Pourtant, c'est la situation que vivent presque quotidiennement les 8 millions de personnes qui dépendent aujourd'hui de l'aide alimentaire pour se nourrir.

C'est la honte ! La honte pour ceux qui subissent cette situation : "En gros, on est le cochon de service, on nous donne ce que personne d'autre ne mange", nous dit Jordan de Soumoulou, avec son langage cru qui laisse entendre que la blessure de cette honte est encore ouverte. La honte pour toute une société qui s'habitue à ce scandale dans l'indifférence la plus totale et, pire même, en pensant : "C'est déjà bien pour eux ! C'est mieux que rien !" Au nom de quoi ferme-t-on les yeux sur ce qu'on n'accepterait pas pour nous-même ou nos enfants ? Les pauvres seraient-ils condamnés à mal manger ? Rejetés par la société, ils devraient se nourrir des restes, subissant ainsi une double peine ?

À l'heure où le bien-manger est presque une injonction, ni trop gras ni trop sucré, cinq fruits et légumes par jour – et bio si possible –, comment ose-t-on abandonner des millions de personnes à la malbouffe ?

Le Secours catholique appelle à la "Révolution fraternelle". Alors, ce serait quoi, la Révolution fraternelle alimentaire ? Ce livre en donne des clés en mêlant reportages d'actions inspirantes, analyses critiques, parfois vives, et apports historiques. Ce livre bouscule et je suis fière d'y retrouver nombre de projets que le Secours catholique a initiés et soutient encore à Soumoulou, à Antony et ailleurs.

Comme le dit le pape François dans *Laudato si'*, "tout est lié, et la protection authentique de notre propre vie comme de nos relations avec la nature est inséparable de la fraternité, de la justice ainsi que de la fidélité aux autres". La protection authentique de nos vies c'est de pouvoir vivre dignement. Et cela commence par le fait que consommateurs et producteurs puissent disposer d'un revenu qui leur permette d'accéder à une alimentation de qualité et de subvenir à leurs besoins. Or, aujourd'hui le système de protection sociale en France craque de partout. D'un côté, plus de 20 % des agriculteurs ne tirent aucun revenu de leur activité et vivent sous le seuil de pauvreté ; de l'autre, 5 millions de personnes vivent avec moins de 700 euros par mois et ont à peine de quoi se nourrir. Notre rapport Statistiques 2020 l'a encore démontré : plus de la moitié des ménages accueillis au Secours catholique disposent de moins de 9 euros par jour et par personne pour les dépenses de nourriture, d'hygiène et d'habillement, une fois payées les dépenses contraintes de loyer, d'électricité, d'assurances, etc. Autant dire qu'il ne reste pour vivre qu'une misère et que ce sont chaque jour des choix impossibles. Et que l'arbitrage se fait toujours au détriment d'une alimentation saine et équilibrée. Il est donc urgent de repenser un plancher social qui nous protège tous et donne à chacun un revenu minimum décent.

Nous courons par ailleurs à la catastrophe écologique. Notre économie doit respecter la nature, faute de quoi nos vies mêmes se retrouvent en danger. Notre modèle agro-industriel pèse lourd dans le réchauffement climatique et contribue au quart des émissions de gaz à effet de serre au niveau mondial. Et finalement un tiers au moins de la production agricole mondiale est jetée, perdue après la récolte ! Là encore, scandale du gaspillage qui pille inutilement la planète. L'urgence est donc d'optimiser les circuits de production, transport, conservation, distribution de la fourche à la fourchette, pour diminuer le gaspillage et non l'encourager par des bonus fiscaux coûteux et pervers. Nous devons respecter "un plafond écologique" qui permette de préserver la planète et l'Accord de Paris signé en 2015 donne une idée précise de ces limites à ne pas dépasser.

La Révolution fraternelle alimentaire vise à créer un espace juste et sûr, entre un plancher social et un plafond écologique, où toutes et tous puissent bien vivre, et en particulier bien manger. Cette révolution n'est pas hors-sol. Elle s'inscrit dans des territoires, en France comme à l'étranger. Ces territoires sont les premiers lieux de coopération, de créativité mais aussi de fabrique démocratique. À Pau, Antony ou Dunkerque, les associations ont œuvré ensemble, avec les collectivités territoriales, les travailleurs sociaux, les organismes HLM, avec des producteurs et des consommateurs, dans un processus mobilisant une véritable intelligence collective. Et le point commun, la condition de réussite du projet est la participation des personnes en situation de pauvreté à tout le processus d'élaboration, dès le début. C'est à cette condition et à cette échelle que des alternatives fleurissent et donnent à voir qu'un changement est possible.

Plus généralement, la question de l'alimentation a une forte dimension politico-économique et la politique de l'alimentation doit s'élaborer avec les mangeurs et les producteurs, et particulièrement les plus pauvres d'entre eux. Pour le Secours catholique et nombre de ses partenaires engagés pour l'accès digne de toutes et tous à une alimentation de qualité, c'est un enjeu majeur. C'est vrai dans les territoires français mais aussi au niveau international. C'est une question de justice et d'éthique.

Mais c'est aussi un gage d'efficacité. Le chantier est immense car le fonctionnement des industriels, transporteurs, distributeurs est complexe et volontairement opaque. Mais cela ne doit pas nous décourager. Notre pouvoir de consommateur est un superpouvoir. L'envie de reprendre son alimentation en main est grande, particulièrement parmi les jeunes générations : c'est un signe d'espérance très fort. Tout est possible.

Je me souviens de visites au Burundi et au Bangladesh, deux pays parmi les plus pauvres du monde où les réponses apportées par Caritas ne sont jamais des distributions alimentaires mais plutôt le soutien à des projets d'agroécologie dans des communautés paysannes, souvent liés à des microcoopératives de crédit pour permettre l'achat de trois poules, d'une chèvre ou de semences. Ces aides permettent l'autosuffisance alimentaire pour la famille mais aussi une production accrue et commercialisable sur les marchés qui génère de nouvelles ressources, notamment pour l'éducation des enfants. Nous aurions beaucoup à apprendre des expériences des pays du Sud. Pourquoi pas dans un prochain livre ?

La révolution alimentaire, enfin, doit être fraternelle. L'alimentation est lien. Séparer les personnes en situation de pauvreté des autres dans les circuits d'approvisionnement ou de restauration parallèles – de pauvres épiceries pour les pauvres gens – est contraire à la fraternité. Les initiatives présentées dans le livre montrent qu'il est possible de faire autrement. Être un parmi d'autres quand on fait ses courses, c'est très banal. Et c'est pourtant le souhait de ceux qui se sentent toujours exclus : "On a retrouvé l'anonymat !" dit avec bonheur un client adhérent de l'épicerie d'Antony. Cette banalité relève d'un droit à l'alimentation universel à mettre en œuvre. Il nous faut y travailler et il faut aller plus loin encore.

Le numérique ouvre des perspectives formidables et la plateforme collaborative Open Food Network est très séduisante pour relier producteurs, transformateurs et consommateurs et multiplier les circuits courts, très courts même, dans la logique de Meetic. La comparaison est osée, mais elle fonctionne : le lien est direct et personnalisé. Mais une question se pose : comment cette "alimentation 3.0", si prometteuse, intègre-t-elle les plus pauvres dans sa réflexion ? Comment pouvons-nous, tous, nous réapproprier notre alimentation à partir de l'expérience des plus pauvres ? Si on ne les associe pas à notre réflexion dès le démarrage du projet, ils ne prendront pas le train en marche et seront à nouveau exclus. Pour que ce droit à une alimentation digne et de qualité soit vraiment universel, il faut partir des désirs, des compétences et des savoir-faire de ceux qui aujourd'hui subissent les files d'attente des distributions alimentaires. Sacré défi ! Mais rien d'impossible si nous savons créer des ponts entre ces jeunes bien formés qui réfléchissent et innovent et ceux qui sont sans voix mais pleins de talents et d'idées.

Et tout finira autour de la table. Je rêve que nos tables et nos cuisines s'ouvrent dans nos maisons, dans nos associations, dans nos églises, dans nos mairies, nos écoles et nos entreprises à l'esprit de fête et de partage pour que nous puissions, ensemble, dresser la table et vivre très concrètement la fraternité !

VÉRONIQUE FAYET,
Présidente du Secours catholique

AVANT-PROPOS :

LA PAUVRETÉ, ENTRE CLICHÉS ET RÉALITÉS

Le hasard des choses a fait que durant tout le second trimestre de l'année 2020, un virus étrange a figé le monde. Un des symptômes de l'infection a été l'extrême lucidité dont elle a doté chacun d'entre nous. C'était à se demander si elle n'allait pas rendre la vue aux aveugles ! Car avec le sang tout imprégné par le port couronné de Sars-CoV-2, notre cerveau s'est mis à enregistrer ce qu'auparavant il avait du mal à concevoir : en France, il y a des gens qui ont du mal à se payer de quoi manger. Des pauvres, osons le mot. Des gens qui allaient, nous disait-on, se trouver encore plus incapables de subvenir à leurs besoins essentiels, et seraient bientôt rejoints par la cohorte des effondrés de la crise économique provoquée par le confinement. C'est-à-dire nous tous, hormis les fonctionnaires et les CDI de grosses entreprises, tirés au hasard de la grande loterie des faillites. Dès mars 2020, la France a eu peur de connaître à nouveau le sort commun imposé par la défaite de 1940. Recluse volontairement chez elle, elle s'est vue devoir faire des queues de documentaire en noir et blanc pour faire ses courses dans des magasins vides, et réclamer d'inhabituelles aides financières au gouvernement.

La plupart d'entre nous ont pris en pleine figure leur image déformée par l'angoisse de la paupérisation. Et si c'était moi, demain, celui-là que je vois à la télé dans les files d'attente des Restos du cœur ? Et si c'était bientôt mon cas d'aller faire le marché à sa fermeture, pour glaner quelques invendus... Notre quotidien si facile, dans un pays aussi riche, pouvait être brisé en quelques semaines. Nos libertés avaient déjà été mises en quelques jours devant le fait accompli des nécessités sanitaires ; en dépit des aides de l'État, rien n'empêchait de penser que notre vie pouvait basculer vers un monde que l'on ne connaissait pas, et que l'on fuyait en l'enfermant dans des représentations rassurantes.

La révélation en a frappé certains jusqu'à prendre possession de leurs corps, qui se retrouvèrent poussés, tels des gueux du Moyen Âge tordus par la faim, à presque piller les magasins aux premières heures du confinement. Une forme d'expérimentation, un jeu de rôle spontané. Durant les quinze premiers jours de notre servitude sanitaire, nous n'avons pu trouver de farine, de riz, de pâtes, d'œufs, mais non plus, c'est curieux, de papier-toilette et de litière pour chat. Des gens apeurés, jusque-là bien élevés, vivant dans un pays aux mœurs civilisées, où règne l'abondance au regard des trois quarts de l'humanité condamnés au fatalisme de la survie, ont empli leurs caddies de kilos de produits de base, allant jusqu'à insulter, pousser, frapper quiconque s'autorisait une remarque.

En mars 2020, la France s'est fait un film. Elle adore se penser au passé, se rejouer la guerre. Elle était un peu redevenue celle de 1990, aussi, quand le déclenchement de la première guerre en Irak avait conduit des millions d'entre nous à faire des réserves, car on ne sait jamais. Le syndrome du panzer. La prophétie autoréalisatrice : si je n'accumule pas de farine, l'autre va le faire, et je ne pourrai plus en acheter, alors je rafle tout ce que je trouve, mais puisque l'autre pense pareil, il fait pareil, et effectivement, la farine vient à disparaître du rayon. J'avais donc raison ! La peur de manquer, de ne pas manger suffisamment, rend bête, et se nourrit d'elle-même. Le virus de la Covid-19 nous a rappelé cela. Il est un pédagogue malicieux. Car bien planté dans nos neurones, il nous a obligés à jouer le rôle qu'on s'imaginait être celui du pauvre qui ne sait pas de quoi demain sera remplie son assiette et se retrouve, fébrile, incapable devant un étalage. Plutôt piller qu'être affamé ! Comme un produit illicite aspiré par les narines, la Covid nous a soulevés dans les airs pour nous promener au-dessus des tristes plaines du misérabilisme. En réalité, pas du tout. Car la compulsion du remplissage était juste la manifestation de l'égoïsme viscéral, première étape de la confrontation à l'angoisse étouffante. Nous avons trop acheté pour nous rassurer. Ensuite, nous sommes redevenus un peu moins stupides.

C'est alors que nous avons rouvert les yeux, comme après une transe, que nous avons deviné ce que pouvait être la vie des gens qui, eux, devaient connaître vraiment le manque avant la fin du mois, sans avoir toutefois les moyens d'accumuler des réserves au début. Dans notre société individualiste, il n'y a que lorsque nous sommes nous-mêmes concernés que nous prenons conscience des choses affreuses. C'est toujours après que l'eau a envahi le salon que l'on comprend, un peu tard, les alertes des petits vieux qui disaient de ne pourtant pas construire là, en zone inondable. Alors oui, la France a fait semblant de découvrir qu'elle avait des pauvres. Beaucoup de pauvres. Entre 5 et 8 millions. Et elle a eu réellement peur qu'ils ne souffrent de la faim alors que l'aide alimentaire, les cantines et les marchés étaient empêchés par les interdits. Comment allait-on faire ? Les collapsologues et autres catastrophistes jubilaient d'avance : enfin allait-on voir la démonstration de notre théorie, le pays allait s'effondrer par sa base, son peuple qui a faim, il allait y avoir des émeutes de gens amaigris. En définitive, il ne s'est rien passé de tout cela, car nous nous sommes organisés spontanément, entre associations, citoyens, magasins, agriculteurs, industriels et services publics, et nous avons pu faire face au million de pauvres supplémentaires, à l'augmentation de 10 % du nombre des demandeurs de RSA, à celle d'un bon quart des distributions alimentaires.

L'État a été là pour empêcher l'effondrement, on ne s'en rend pas bien compte mais c'est une réalité tangible, il est redevenu providence, certes au prix d'un endettement que tout le monde paiera à un moment ou un autre. Mais en ce qui concerne l'alimentation, la France n'a pas eu besoin de lui pour s'occuper d'elle-même, les énergies locales ont pourvu sans le génie habituellement inefficace de la haute administration. Nous sommes restés des gens de bien. Nous avons quand même senti le vent du boulet. Nous avons pris en pleine figure une piètre image de nous-mêmes, celle d'un pays, l'un des plus riches du monde, où des millions vivent en comptant chaque sou, chaque jour, chaque année. Des citoyens que la moindre anicroche peut faire basculer dans la grande précarité, en compagnie des nouveaux pauvres précipités par cette crise imprévue. Ces derniers ne seraient pas loin d'un million, cent fois plus dans le monde, depuis le début de la crise virale. La peur de basculer a fait qu'aussitôt oublié le confinement, la France a accéléré sa réflexion, entamée avant crise, sur la réfection de l'aide alimentaire. Car si celle-ci a su empêcher la catastrophe espérée par les jouisseurs de spectacles de fin du monde, ce fut après quelques semaines d'un *statu quo* particulièrement angoissant pour les bénéficiaires des aides ordinaires. Durant le confinement, des spécialistes de la question ont très vite alerté sur les manques et les défauts du caritatif à la française. Avant cela, fin 2019, un rapport de la très officielle Inspection générale des affaires sociales (Igas) nous avait déjà appris que l'aide était aussi complexe que de mauvaise qualité, et il avait proposé des idées pour la corriger, afin que les gens sans moyens eussent accès à une alimentation digne de leur nature d'être humain.

Car ce n'est pas le cas. Être pauvre est toujours une indignité, car c'est une altération du regard que l'on porte sur soi et, en France, c'est particulièrement une offense. Dans un pays catholique qui érige la pitié en vertu, alimenté par une économie fondée sur la responsabilité de l'individu, l'état de nécessité est un état de quémandeur. Il faut sans cesse oser réclamer, pour ne pas en définitive pouvoir choisir parmi la nourriture proposée que n'ont pas voulue les autres. Les autres qui ont, eux, du boulot, parce qu'ils ont eu le courage de traverser la rue. Les autres qui font du sport, des régimes, mangent frais et bio, font chaque jour des efforts pour conserver le ventre plat et une bonne tension. Et qui plaignent tant ces pauvres gens tout en leur faisant la morale : quand on est sans argent, en France, quand on mange mal, c'est qu'on l'a d'une façon ou d'une autre un peu cherché, ou bien, que voulez-vous, c'est l'hérédité, un déterminisme social auquel il faut bien s'habituer parce que c'est comme ça, on ne va pas changer le monde. L'obésité fille de la malbouffe ? Mais ils n'ont qu'à faire la cuisine ! Quel manque de courage, il faut faire des efforts dans la vie, etc.

Pour compenser, pour vivre avec ce qui nous met quand même mal à l'aise, d'autant que le confinement a rendu plus tangible un appauvrissement jusque-là vécu comme théorique, nous considérons ces pauvres gens, en tout cas celles et ceux qui correspondent à l'idée que nous nous faisons de la pauvreté, forcément grasse, mal habillée et avec de mauvaises dents, le regard honteux et la parole difficile. Conforme à un cliché tiré de Zola et Dickens, l'image que nous avons de la pauvreté est commode, car elle maintient à distance : caricaturé de la sorte, le démuni ne pourra jamais être nous. Nous pouvons donc lui donner, en lui faisant la leçon. Mange ce qu'on te donne, et tais-toi. Pour vivre avec la peur, il faut l'affronter ou la chasser de notre vie en l'enfermant dans un monde inaccessible. Collectivement, la société préfère la deuxième solution, qui a le mérite de ne nécessiter que peu d'efforts. Comme on va voir des animaux du patrimoine derrière une grille, on fait semblant de se mobiliser pour les bons pauvres, ceux de la Bible, le migrant échoué, le réfugié sous un pont, le rançonné des camps de toiles, ce qui flatte toujours un peu l'ego, autorise à pontifier, mais on a du mal à donner la pièce au clochard à l'haleine lourde et à acheter autre chose que des produits premiers prix lors des collectes en grands magasins, et on met des lunettes de soudeur dans la rue pour ne pas voir la réalité telle qu'elle est : même la France, avec son infrastructure sociale formidable, est un pays qui vacille.

En réalité, la pauvreté ordinaire est invisible, car elle est innombrable. Les gens qui manquent ne regardent pas forcément par terre, ils sont habillés comme tout le monde, se lèvent le matin, ont un smartphone et une carte bleue, lisent le journal, conversent et rient, ils conduisent leur voiture et ne tendent pas toujours la main. C'est le voisin, le collègue, le cousin, on le croise dans la rue, il a les chaussures cirées et ne s'habille pas pareil le dimanche. Leurs vêtements ne sont pas forcément usés, ils ont leur fierté, et quand ils en sont à réclamer de l'aide, ils ne le crient pas sur les toits. Du coup, on ne les entend pas toujours, ce qui nous arrange. Il n'y a guère que lorsqu'ils ont revêtu un gilet jaune et fait de la fumée sur les ronds-points qu'on a commencé à les voir et mesuré l'étendue du gouffre social qui sépare notre pays. Oui, on peut être pauvre sans être chômeur de père en fils, obèse ou immigré clandestin. On peut devenir pauvre parce qu'on en est à choisir entre l'essence pour aller travailler et le gaz pour chauffer la maison. On se retrouve pauvre lorsqu'on en est à ne plus pouvoir faire autrement, opprimé par les dépenses contraintes, que de considérer le budget alimentation comme seule variable d'ajustement des finances familiales.

Par la trouille qu'elle a plantée dans nos cœurs, la crise du coronavirus nous a fait voir la réalité sans artifices. Durant le confinement, chacun de nous a, à un moment ou un autre, expérimenté en pensée, interrogeant sa banque, ce qu'est la vie d'une personne dans la gêne : le décompte. Combien va-t-il rester ? Pourrai-je encore, demain ? Le regard a changé car la fragilisation financière installée pour beaucoup par la Covid-19 nous a projetés dans un avenir très incertain. Déjà, les dernières semaines du confinement ont conduit des milliers de gens qui se pensaient à l'abri, tout en se sachant pas si loin du précipice, à réduire leurs achats alimentaires qui avaient été considérablement augmentés par ces deux inédits repas par jour, chaque jour pour toute la famille. Ces milliers savaient que la pauvreté, c'est un autre de ses visages, est un piège qui a un fond, celui de l'aide sociale, auxquels conduisent des murs glissants.

Les murs de nos représentations, qui sont des miroirs impudiques. Comment se sent-on lorsqu'on commence par ne plus recevoir ses amis, ou ne plus honorer les invitations parce qu'on n'aurait autrement plus assez pour faire les courses ? Comment se voit-on lorsque l'on commence à sauter un repas, pour que les enfants puissent manger en quantité ? Comment se considère-t-on quand on ne peut plus faire autrement que d'aller au bureau d'aide sociale de sa commune pour savoir de quelle manière on pourrait… avoir à manger ? Quelle image peut-on avoir de soi-même quand le colis qu'on nous donne est composé d'invendus et de presque périmés, de plats préparés basiques et de conserves sans rapport avec les besoins quotidiens ? Comment se sent-on quand, à force de mal manger, et on le sait qu'on mange mal, on se regarde dans la glace chaque jour grossir un peu plus ? La pauvreté est une prison dont les murs sont troués du regard des autres. On y mange mal, ce qui érode le moral : puisqu'on me nourrit avec des rebuts, c'est que je dois en être un aussi. Après tout, dans notre société latine, où la bouffe est avant tout un symbole, un langage, nous sommes ce que nous mangeons. Alors, si nous mangeons mal, c'est que nous sommes mauvais...

Voilà encore un autre enseignement de la crise sanitaire. La pandémie de la Covid n'aurait jamais fait autant de morts si elle n'avait rencontré l'autre grande pandémie du monde, bien plus grave, celle de l'obésité. En France et ailleurs, sept malades atteints de Covid en réanimation sur dix étaient obèses, en surpoids, diabétiques, insuffisants cardiaques ou respiratoires, ou un peu tout cela. Or, l'obésité est en grande partie corrélée avec la pauvreté alimentaire, caractérisée par la misère en nutriments et la richesse en calories vides, les sucres rapides et les graisses hydrogénées. Le virus nous a plongés en abîme : pour s'en protéger, nous avons cessé de travailler, ce qui nous a rendus plus susceptibles que jamais de devenir pauvres, glissant sur la pente de la mauvaise nutrition qui accroît les risques de développer une forme grave de la maladie. On l'a vu aux États-Unis, au Mexique, on l'a vu aussi en France, et même en Suisse. La pauvreté, c'est une peine qui se renouvelle sans cesse, c'est une cage dont les barreaux se multiplient à chaque regard qui confirme que l'on n'est plus tout à fait dans la société de consommation des bien portants. Avec ce paradoxe invivable qu'on y est quand même : la pauvreté est un marché comme un autre, qui génère de l'argent par la multiplication des crédits pour payer les crédits, et l'aide alimentaire qui valorise les invendus de la grande distribution. Dès lors, il semble impossible de s'en sortir.

Nous avons voulu en avoir le cœur net. Alors nous sommes allés un peu partout en France à la rencontre des personnes qui ont du mal à manger, et de celles qui les aident. Nous avions fini ce tour des initiatives bien avant que le pangolin grillé n'empuantisse l'atmosphère. Alors, nous avons posé le crayon et observé. Le confinement a donné à voir en grand ce que nous avions observé. Il a remué tout le monde, obligeant chacun à penser au-delà de sa zone de confort, à se mettre à la place du pauvre, qui pourrait être la nôtre, bientôt. Il nous a tous ramenés à l'essentiel, c'est-à-dire à nos besoins fondamentaux. Entre quatre murs, sans pouvoir sortir autrement que par des dérogations aussi incompréhensibles qu'infantilisantes, nous avons eu le temps de réfléchir au sens des choses et au sel de la vie. À la valeur de la bouffe. En France, quand on est pauvre, on est condamné à mal manger en raison même de la structure de l'aide alimentaire. Le confinement aura permis d'en prendre conscience, et d'éclairer une nouvelle façon de voir les choses portée par des structures formidables qui ne considèrent pas les pauvres comme des personnes à plaindre mais comme des citoyens capables d'agir et d'exercer leur choix. C'est beau, l'humanité du quotidien.

1

QU'EST-CE QUE MANGER ?

L'obésité gagne partout dans le monde, au point que l'on peut en faire un marqueur de progrès économique. Un pays pauvre devient émergent, puis développé, à mesure qu'il prend des tailles de pantalon. Le mode de vie occidental devient accessible aux classes moyennes naissantes qui enflent en ingurgitant à toute heure du jour une alimentation riche en calories à laquelle elles n'étaient pas habituées auparavant. Les statisticiens ont une lecture un peu différente. Ils voient le parallélisme des courbes entre celles qui illustrent les inégalités sociales d'un pays et ces autres qui suivent l'évolution de l'obésité. Corrélation n'est pas raison, certes, tout de même, elle homologue un peu plus le lien fort reliant ce que l'on mange à la société dans laquelle on vit : manger est un langage. Comment donc nourrir les gens ? Sans doute en se demandant qui ils sont, autrement on se contente de les remplir.

Devient-on ce que l'on a mangé ?

Il y a parfois des moments où les choses s'enchaînent d'un coup, où l'on entend les engrenages enfin s'emboîter. En voici un. Il faisait froid car nous étions en février, les collègues de *Charlie* venaient de se faire hacher et je mangeais en compagnie de Périco Legasse, critique gastronomique et avant tout défenseur de la bonne bouffe, celle du fond de frigo et des recettes éprouvées. Bien que profitant du calorique d'un cassoulet, nous étions frissonnants. Nous nous interrogions sur ce qui pouvait amener un être humain à en tuer un autre au nom d'un Dieu. J'évoquais le monothéisme, violent par nature car manichéen par construction, j'envisageais le Coran pris au pied de la lettre, je considérais la frustration de mâles rendus à conjurer leur impuissance sociale par une démonstration de toute-puissance très freudienne, bref, je me perdais dans des raisonnements compliqués quand Périco, après avoir reposé sa cuillère, me dit ceci : "Tu sais, je me demande bien ce que ces gamins ont pu manger pour être devenus des barbares."

Devient-on cruel parce qu'on a mangé une nourriture cruelle ? L'hypothèse me statufia, car je ne me l'étais jamais dite. Simpliste en apparence, elle ouvrait cependant sur une immense interrogation : et si mal manger, c'était mal se construire ? Jusqu'à quel point la nourriture nous constitue-t-elle ? Pour le comprendre, il faut un peu travailler les sciences humaines, et puis la biologie.

La bouche et l'amour

Est-on ce que l'on mange ?… La psychologie n'étant pas univoque, on mange aussi sans doute un peu ce que l'on est. On assimile. On incorpore. Des auteurs tels que Freud, Dolto, Le Barzic, Harrus-Révidi, Canguilhem, Fischler ont écrit des milliers de pages sur le sujet. Qu'y voit-on ? La bouche, d'abord ! Cet organe essentiel sans lequel nous serions très moches, car il cache les dents. Ces lèvres qui donnent envie et disent tant de choses – enfin, qui donnaient et disaient avant l'ère du masque. Ces mimiques qui en rajoutent. C'est beau, une bouche. C'est excitant. Nous ne nous en rendons pas compte, car nous ne pouvons le faire en même temps : la bouche permet de parler, de respirer, d'embrasser, de rire et de manger. Il faut choisir ce que l'on fait, au risque, sinon, de faire fausse route. La bouche est un port par lequel l'extérieur nous nourrit, et grâce auquel notre intérieur entre en contact avec lui, sous toutes les manières possibles. Les lèvres s'apposent, se ferment ou bien, elles saisissent. La bouche est un "carrefour pulsionnel", disent les psys, elle est aussi un rendez-vous sensoriel. Tout commence chez le bébé.

Qu'il existe ou non un instinct de succion, la question reste en débat, le bébé comprend que c'est par la bouche qu'il peut obtenir la satisfaction de ne plus souffrir de la faim. La bouche apposée sur le sein, grâce à ses lèvres il tète, se repaît, se repose, ses sens gagnent enfin la paix. Ce faisant, il communique avec sa mère, qu'il sentait déjà dans son ventre, et continue de ressentir. Et inversement. Sa bouche, ses lèvres, l'acte de se nourrir s'installe bientôt en moyen de dire des choses alors qu'il ne peut encore s'exprimer que par des cris et des pleurs. Justement : il a faim ? C'est intolérable pour lui, alors il hurle, et sa mère arrive dans l'instant. Le monde était un moment hostile, le bébé était inassouvi, en mangeant, l'équilibre est rétabli, l'harmonie règne à nouveau. Quel outil... dont le bébé usera pour maintenir le lien, en abusant à l'envi des cris qui feront dire à l'entourage : "Laisse-le se fatiguer, il n'a pas faim, c'est juste parce qu'il a peur que tu ne sois plus là." Un entourage qui projette sur les jeunes parents ce qu'il a lui-même loupé, et oublie l'essentiel : certes, il s'agit un moment de se convaincre que le bébé n'a pas toujours faim, de hurlements en assouvissements il n'en construit pas moins avec sa mère ou son père armé du biberon une identification apaisante, première étape vers l'amour. La reconnaissance du ventre, d'une certaine façon. Une forme de cannibalisme également : dans cette "phase orale" telle que l'a définie Freud, il y a une période au cours de laquelle le bébé mord, fait mal, parce qu'il veut s'approprier entièrement ce qui le nourrit. On veut toujours un peu manger celui et celle que l'on aime, le mordiller, le dévorer, ne serait-ce que des yeux.

Cela s'appelle l'incorporation. Le petit d'homme n'avale pas que le lait, et puis un jour la purée, il s'imprègne au même moment des sensations multiples, une chaleur formidable, des bruits rassurants, des odeurs apaisantes et des couleurs qui deviennent familières, sensations associées au fait d'être nourri au bon moment. Une ambiance qui rassure. Une atmosphère dont on se souvient. Une petite musique intérieure. Cette phase est cruciale, on s'en doute, car d'elle dépend une grande partie de la construction psychologique du bébé. D'abord parce que dès lors qu'il détache le bien-être procuré par le nourrissage de la satisfaction instinctive d'avoir été rempli, il peut se sentir bien, en sécurité, même si sa mère ou son père ne lui colle pas un biberon dans le bec. Ensuite parce que de cette manière la séparation peut s'établir, naturellement parce que le bébé comprend qu'il peut faire passer par sa bouche autre chose que des aliments.

Tiens, des mots ! Et ces mots, ce babillage, s'avèrent encore plus efficaces que le biberon pour échanger avec maman et papa. La bouche permet de se remplir, elle permet d'alerter, elle permet d'être avec l'autre. Et pour plus longtemps encore. La bouche ne procure décidément que du plaisir. Quelle découverte... la bouche sert à la fois à manger et à communiquer, et en plus, je sens la chaleur de mes parents quand ils l'apposent sur ma peau. Je vois aussi leur bonheur par leurs sourires, quand moi je leur en donne par mes lèvres et mes mimiques.

L'assiette et la société

Nouvelle étape, l'assiette. Je mange assis, avec mes mains prolongées d'une cuillère puis d'une fourchette, selon un rituel immuable qui m'est imposé par ma mère, mon père, ma nounou, mémé, parrain. Je teste et j'apprends qu'il y a des choses que je n'ai pas le droit de faire : après avoir connu l'amour en mangeant, je découvre les règles de la vie en société, les symboles qui la fondent et les rituels qui la ponctuent. Moi, bébé, je ne mange pas pareil le matin et le soir, le lundi et le dimanche, à Noël et en vacances. Ce n'est plus quand je l'exige, mais à heures fixes. Au fil des mois, je me rends compte que l'assiette n'est pas la même, qu'il y a des choses qui me plaisent et d'autres, non ; je me constitue ma petite bibliothèque de goûts et d'odeurs, et tout cela, en communauté, en famille, chez la nounou, à l'école. Et même, un jour par an, j'ai le droit de demander ce que je veux manger, plus ou moins, en soufflant mes bougies, je suis le centre de l'attention de tous, au milieu des miens, tous âges confondus. Car c'est mon anniversaire. Redevenu un peu bébé, je sens l'amour que l'on me porte, le temps qui passe, les générations qui m'entourent, et cela me construit.

L'alimentation est par la bouche l'apprentissage émotionnel de la sociabilité et la première étape de la confiance en soi. Non, vraiment, manger, ce n'est pas que se remplir. C'est exister.

La table, un totem

Gilles Fumey est professeur de géographie culturelle à l'université Paris-Sorbonne-IV-Lettres, il était intervenu en 2017 devant la commission d'enquête parlementaire sur l'alimentation industrielle. Aux élus de la République il avait dit notamment ceci : "Un quart des gens mangent encore assis par terre dans le monde. Cette proportion va s'accroître, car il s'agit essentiellement des habitants d'Afrique et d'Inde. Comme on le fait pendant un pique-nique, ils partagent un plat collectif, mais dans des conditions corporelles particulières : dans ces pays, les gens sont assis seulement pour le principal repas de la journée. Ensuite, 10 % de la population mondiale mange assis sur des canapés ou de petits sièges." Certes, mais chez nous ? "Dans notre culture, le canapé sert à regarder un spectacle, et l'on s'y allonge souvent. Le canapé, c'est le lit des Romains. Et sur ce lit, depuis une table basse, la nourriture va être formatée pour franchir la distance entre la table et notre bouche sans salir nos vêtements. Cela explique l'apparition des loukoums, ou des feuilles de vigne farcies." Et du snacking, des trucs qui ne font pas de miette et se mangent sans mâcher.

Où veut en venir M. Fumey ? "Certaines personnes mangent assises autour d'une table. Il ne vous a pas échappé que la plupart de nos tables sont rectangulaires. Qu'est-ce que cela symbolise ? Cela a des conséquences considérables sur la manière de penser notre alimentation." Pourquoi ? Parce que la table, c'est, historiquement, la tombe. Dans les églises, elle est devenue autel, elle est un rappel de nos anciennes traditions : là où l'on enterrait les morts, on célébrait leur mémoire en mangeant. Aujourd'hui encore, en Géorgie et plus largement dans le Caucase, il est très fréquent de rendre visite aux morts en étalant une nappe blanche sur leur tombe et en buvant à leur santé. La nappe blanche, c'est le linceul du mort, mais également le drap dans lequel nous naissons. Dans la civilisation occidentale, la table blanche est donc un lieu de mémoire. Ceux qui s'assoient autour font exactement ce que les religieux font durant l'office – ils célèbrent la mémoire et le plaisir d'être ensemble. En grec, on appelle cela *efkharisto*. Manger ensemble, à heure précise, ce n'est pas pour manger. C'est pour partager le bonheur d'être avec, oublier un peu le monde, revenir à l'essentiel, reprendre des forces mentales autant que physiques. La table est le lieu où l'on dépose les armes pour discuter en paix. Se fâcher au repas n'est jamais bienvenu. "La table, c'est un lieu symbolique extrêmement fort pour l'éducation des enfants : elle s'inscrit dans le cycle de la vie", ajoute M. Fumey, qui avait conclu son intervention devant les parlementaires en disant simplement : "eucharistie". Le rituel du manger en commun est fondamental dans notre société, s'en échapper n'est jamais anodin. On se met à considérer la nourriture comme une perte de temps nécessaire, à évacuer au plus vite, ce qui rime le plus souvent avec mal.

La mort, le plaisir

Les personnels des hôpitaux le savent bien, quand on s'approche de la toute fin, qu'on la sent arriver et qu'on a abandonné toute idée de lui faire défaut, on mange. Largement. Du moins un moment. Je vais voir Laure Copel, chef du service des soins palliatifs de l'hôpital des Diaconesses à Paris. Partout dans le monde, me dit-elle, "on meurt de la même façon, avec les mêmes principes. Accompagné par sa famille, ne pas souffrir, être en paix avec soi-même." Et cela passe par une bonne bouffe avant de lâcher la rampe.

"Le rapport à la bouffe des patients est très fort, me dit-elle. C'est un moment de passage, car tout simplement, manger, c'est la vie."

Mais qui mange, vraiment ? Car les patients n'ont pas faim, ils n'ont plus faim. Abîmés par la maladie, ratatinés par les traitements, évaporés par la morphine et assommés par les antidépresseurs, ils n'ont plus vraiment de goût ni d'appétit. Ils n'ont même plus envie d'alcool. "C'est cela qui est très dur pour les familles. Car elles pensent qu'en ne mangeant pas, leur malade va partir plus vite. Alors elles veulent le gaver." Sinon, ce serait l'abandonner. Et puis, ce serait d'une telle impuissance... Les proches ne peuvent faire que cela, ils ont le sentiment de ne pouvoir faire quelque chose que par la nourriture. "Et c'est souvent régressif. C'est ce que les patients leur demandent, une alimentation-plaisir qui leur est propre, du jambon-purée, du couscous ou du McDo, parce que, aussi, c'est plus facile à manger." Régressif aussi par l'inversion des relations familiales à laquelle les personnels de santé assistent. Le père redevient enfant, il est nourri par sa fille qui lui rappelle son devoir de manger, et manger de bonnes choses. Manger, c'est embrasser, jusqu'à étouffer.

L'essentiel est d'envelopper. De rappeler la vie qui a abouti ici, que l'on nourrira jusqu'au bout parce qu'elle a nourri depuis le début les êtres qui aujourd'hui tendent la cuillère. "On peut avoir de vrais repas de famille, on a même des mariages *in extremis* !" Voilà pourquoi les Diaconesses, comme d'autres hôpitaux, ont ouvert une cuisine, à la disposition des familles. Grande, blanche, il y a au milieu une table ronde, des livres sur un piano noir, un canapé aussi bleu que la porte. Chaque chambre est équipée d'un réfrigérateur. "Et puis, pour tous les jours, on fait en sorte que manger soit un moment particulier. On sert les plateaux-repas dans des assiettes couvertes par une cloche, avec des couverts. Des tables pliantes sont là pour les accompagnateurs afin qu'ils puissent manger à côté de leur parent." Les portions sont petites, tout est tendre, ce n'est pas fait pour remplir, mais pour dire au malade qu'il est toujours un être humain. Une fois par mois il y a aussi une journée du goût aux Diaconesses. Deux personnes du service, à chaque fois différentes, sont chargées de faire ou de trouver à manger autour d'un thème, tout le monde vient, les patients et leurs familles. Une façon de rendre à celles-ci tout ce qu'elles donnent aux soignants : "En fait, il est difficile de ne pas prendre de poids en soins palliatifs, tant les familles nous nourrissent ! Est-ce une revanche sur la mort à venir, une compensation de ce que l'on fait pour elles, toujours est-il qu'on nous gave..." Le docteur Copel a pourtant la ligne. Le chocolat est le vecteur principal de ce contre-don offert par les familles.

Se rapprochant chaque jour des limbes, les mourants n'ont plus envie de rien. Cela fait de la peine à celles et ceux qui ont fait métier de les accompagner. Alors, les mourants demandent à leurs familles de leur donner ce qu'ils ne peuvent plus manger, qui leur rappelle tant de choses. Ils regardent les leurs manger dans des bombances qui leur renvoient ce qu'a été leur vie. Jusqu'au bout, la nourriture est un langage d'amour. Jusqu'au bout, elle est un plaisir. Voilà pourquoi il est proscrit de parler la bouche pleine : ça ne sert à rien, car manger et faire à manger, c'est déjà dire beaucoup de choses.

Je deviens ce que je mange

Normalement, manger est un plaisir appris dès la naissance, qui va parfois chercher au fond des temps. Regardez vos ados, on dirait des chimpanzés. Ils ont peur de la nouveauté, surtout si elle est colorée (dans la nature, c'est souvent signe de poison), et se jettent sur le gras et le sucre. Se sentant concernés par tout, en particulier par eux-mêmes, les adolescents s'angoissent de (ne pas) manger. Ils sont un peu revenus à l'état de nature, car la peur d'ingurgiter quelque chose de toxique est propre aux omnivores que nous sommes. Les spécialistes appellent cela la "néophobie". Qui danse chaque jour avec son réflexe inverse, la "néophilie". En fait, l'ado est un peu un nouveau-né à taille humaine, car il réduit bien souvent la nourriture à du remplissage – il faut dire qu'il grandit beaucoup. Il va donc spontanément vers les aliments qui calmeront vite son appétit et qui se trouvent être, heureux hasard, sans risque immédiat. Une plâtrée de riz, c'est plus rassurant qu'un poivron rouge sorti du four. Une crème au chocolat vaut mieux qu'un abricot un peu mou. En fait, à cet âge se nourrir est un double service, métabolique et émotionnel. Car l'humeur générale influence grandement le comportement alimentaire, vu que se nourrir est fondamentalement lié, depuis la naissance, à une relation positive, rassurante et amoureuse, avec la mère, le père, la nounou. Alors, quand nous n'allons pas bien, quand nos émotions nous submergent, sommes-nous tentés de manger afin de retrouver l'équilibre. Comme lorsqu'il suffisait de téter pour que l'harmonie régnât à nouveau. Or, il se trouve que les ados sont très émotifs. Que font-ils lorsqu'ils tournent en rond ? Ils avalent le pack de yaourts avant d'aller acheter un kebab. Préalable à l'ingurgitation de 500 grammes de bonbons de la maison Haribo.

Ils mangent ce qui les remplit, à tous les sens du terme. Divans, infirmeries scolaires, consultations cliniques et expériences sur des rats en laboratoire ont démontré que le stress était soluble dans les calories. Le gras réduit la sécrétion du cortisol, principale hormone du stress. Quant au sucre, il favorise la libération de sérotonine, une molécule endocrine qui intervient... dans la régulation des émotions, et donc de l'humeur. Cependant, l'effet du gras et du sucre ne se fait pas sentir de suite. Il faut le temps que le corps métabolise et que le cerveau réagisse. Une bonne heure. En réalité, le seul fait de se préparer à manger ce que l'on sait nous être utile au moment où l'on se sent à cran suffit à se sentir mieux. Ce sont les aliments de remplissage que l'on a déjà expérimentés, comme le chocolat, le paquet de gâteaux, la pizza surgelée, qu'on avale vite. Ce sont aussi ceux qui sont associés à des souvenirs enveloppants. Dans les deux cas, leur goût suffit à déclencher tout un processus hormonal qui aboutit à la libération de dopamine et d'endorphines par le cerveau. Avec ces hormones, on se sent déjà mieux. Puis, la métabolisation des sucres et des graisses confirme l'impression en atténuant notre stress. Les sucres rapides en particulier, d'autant qu'ils peuvent créer une addiction selon des mécanismes comparables à ceux de la morphine. Tiens, c'est curieux, les produits ultratransformés en sont farcis.

Heureusement, nous ne sommes pas tous pareils. Il y a des gamins qui regardent la télé quand ils se sentent angoissés, d'autres qui jouent au foot, qui vont se promener, au cinéma, et même, il y en a qui lisent ! Ou qui se contentent de regarder le plafond, ce qui est la meilleure façon d'imaginer. Celles et ceux qui ne font que manger ou, ce qui revient en réalité au même, se privent de manger, ont sans doute eu une fixation un peu trop collante sur la bouffe de l'enfance réveillée par les oukases alimentaires de la société. Le contrôle, en plus ou en moins, les aide à se maintenir dans le bon état émotionnel. Ces addictions au tout ou au rien ne sont que les révélateurs de l'importance fondamentale qu'a la nourriture. Si manger n'a pas été plaisant, manger ne le sera pas. Au point de tuer ? Certainement pas.

Mais on peut quand même se demander si la valeur que l'on se donne n'est pas corrélée avec ce que l'on ingurgite, parce que ce que l'on ingurgite a un rapport avec la façon dont on a été traité, ou bien avec la façon dont on aimerait l'être. En mangeant, on incorpore des symboles, et on devient ce que l'on mange. Pourquoi pas ? Les psys appellent cela l'introjection. L'étape ultime est l'identification. Ou comment, sur un mode imaginaire, l'on fait passer du dehors au dedans des objets, en l'occurrence de la nourriture, avec les qualités qu'on leur prête. À la fin, on peut s'identifier à ces objets, en assimilant un de ses aspects, une de ses propriétés. Je mange gras, je deviens gras, je suis gras. J'aime manger italien, je me mets à aimer l'Italie. Je ne mange que des végétaux, je suis un être de nature. J'aime la viande bleue, je suis quand même un peu chasseur. Je mange des plats industriels complexes, c'est que je suis moderne, quelque part ? À la fin, je suis moi-même incorporé dans ce que je mange. Je mange de la merde, c'est que j'en suis une. Et d'ailleurs, j'habite dans un endroit pourri, j'exerce un métier méprisé. Décidément, je ne vaux rien.

Insurrection alimentaire

Incorporation, introjection, identification aident à se conformer à la norme autant qu'à dépasser les interdits. Depuis que l'homme mange, il en a établi autant que de recettes. Depuis "Retire tes coudes de la table" jusqu'aux tabous du cochon et de la vache sacrée, toutes les sociétés ont codifié l'acte de manger, l'enfermant dans un carcan de pratiques et d'ingrédients qui fixe une norme au sein de laquelle l'harmonie sociale est possible. Seulement, nous sommes passés d'interdits religieux ou sociaux à des interdits diététiques qui ont l'air d'une religion, sauf qu'ils n'en ont pas le sel, car ils changent régulièrement. Or, les interdits ont ceci d'intéressants qu'ils encouragent la transgression, et renforcent tous les fantasmes. Dans notre société qui a résumé la bouffe à des assemblages moléculaires et des messages de santé publique, le corps du héros a le ventre plat, des seins de taille moyenne, des muscles saillants, des fesses bien fermes et un métabolisme de haut niveau qui permet d'être au top en permanence, sans outrager la planète, ni faire mal aux animaux, ni coûter quoi que ce soit à la société, ni dire du mal de personne. C'est énervant. De nos jours, se nourrir sans réfléchir, juste par plaisir, ou par habitude, est devenu dangereux : nous avons retrouvé l'angoisse originelle d'incorporer des objets qui peuvent nous tuer. Il faut tout contrôler pour être bien performant, c'est très frustrant.

Alors proférons-nous des interdits nouveaux : Tu ne mangeras pas ceci, du gras, du salé, du sucré, du qui vient de loin, du hors-saison, du pulvérisé au glyphosate, de l'animal qui est mort, du vin soufré, etc., autrement, tu seras puni. Par le châtiment de l'obésité, du cancer, de l'infarctus ou, simplement, par les rondeurs qui chassent de la communauté des gentils. Du coup, cet air irrespirable exhalé par des gens aussi lisses qu'un livre de développement personnel renforce l'émotionnel alimentaire, car il accentue les angoisses des gens sensibles, fragiles, qui vont les conjurer en mangeant beaucoup – ou pas du tout –, compulsivement, du sucre, du gras, du salé, du facile à avaler, ce qui les rend coupables, c'est excitant, et les exclut jusqu'à rejoindre la grande famille des victimes, autant méprisée que valorisée par la société des croyants de la pureté alimentaire. L'essentiel est d'être quelqu'un quand on ne se sent pas comme les autres.

Cette pureté alimentaire érigée en dogme a oublié par son culte du Moi que manger renvoie à un plaisir originel qui donne du sens à la vie. Se faire simplement plaisir, en vérité, est devenu suspect dans un monde masochiste où la nourriture, hygiénisée, portionnée, bien présentée, sans efforts, symbolise à la fois la perfection que l'on veut atteindre (le corps de rêve, sous contrôle permanent de sa montre connectée) et la faute morale de notre société qui a été jusqu'à salir le lait maternisé et suspendre au-dessus de nous tous l'épée des perturbateurs endocriniens. Et cette même nourriture, parce qu'elle est abondante et pas chère et que nous ne bougeons plus comme avant, nous fait facilement grossir. En vérité, le mangeur d'aujourd'hui est un coupable en puissance, car il peut basculer facilement de l'autre côté de la grande loi du corps, et désobéir par le plaisir d'avoir voulu simplement regarder ailleurs, ou d'être malheureusement soumis à une incapacité à affronter la société telle qu'elle est, à cause, par exemple, d'un héritage affectif qui renvoie sans cesse à la nourriture. Je me sens mal ? Je vis mal ? Alors j'incarne le mépris que je ressens en mangeant de façon à me dévaloriser. Je deviens alors ce que je mange, quelque chose de repoussant, de dégoûtant, qui confirmera les autres dans leur rejet. Je suis ce que je mange.

L'utopie de la santé par l'alimentation a-t-elle conduit à améliorer notre état ? Absolument pas, car les obèses, les diabétiques, les maladies cardiovasculaires courent plus vite que les joggeurs. Depuis le temps qu'on nous dit de "manger moins et bouger plus", il ne devrait y avoir que des sylphides dans les rues ! C'est que l'hystérie diététique a diabolisé l'acte même de manger, lequel est ancré bien profondément dans chacun de nous. Si l'on devient obèse, ce n'est pas seulement parce qu'on mange trop de sucre, c'est parce qu'on a peut-être aussi un intérêt à le faire, et qu'on y est sans doute poussé. Nous faisons des choix en fonction de notre histoire et de ce que la société nous impose. Le Moi se construit entre pulsions et répressions, la régulation des émotions passe d'abord par la voie la plus facile, la plus ancienne, la nourriture. L'orthorexie des adeptes des régimes "sans", singulièrement les véganes dont la ligne de conduite est avant tout morale, est aussi une façon de se mettre en accord avec soi-même, en optant pour des nourritures qui leur ressemblent. Quand bien même elles nous rendent hideux au regard de tous.

Mal manger est un piège

Magali Ramel est juriste, elle travaille sur le droit de l'alimentation. Elle résume tout ce que je viens d'écrire : "Un repas équilibré ne repose pas uniquement sur un socle nutritionnel, il y a également toute la dimension sociale autour du repas qui est nommée et qui est extrêmement importante pour les populations vulnérables." Une dimension sociale qui ne se limite pas à la famille ou aux amis autour de la table, précise Me Ramel : "Le premier niveau est le cercle familial (le rôle nourricier des parents envers leurs enfants va contribuer à donner une place dans la famille). Il s'inscrit dans une culture alimentaire, familiale et sociétale. Se nourrir pousse également à rencontrer l'autre au-delà du cercle familial (au moment de l'approvisionnement, en lien avec ceux qui ont contribué à la production, la transformation et la distribution du produit, mais aussi au moment du partage des repas). Il permet enfin de se positionner dans la société (par l'identification à une culture alimentaire et des normes sociétales autour de la nourriture, par la place donnée en tant que consommateur, et par les choix citoyens opérés autour de l'approvisionnement et le partage des repas...)."

Le mal peut être plus sournois encore. Des travaux publiés en 2013 par Barbara Briers et Sandra Laporte dans le *Journal of Marketing Research* ont montré que si l'on a la certitude d'être moins bien loti que la moyenne, on va manger le plat le plus calorique qui nous est proposé. À l'inverse, si l'on est certain que l'on dispose de plus d'argent que les autres, on optera pour le plat le moins riche. Dans les deux cas, nous justifierons notre choix en affirmant que c'est le plat le plus appétissant, le plus... réconfortant vers lequel nous sommes allés. Les évolutionnistes expliquent ce comportement par un réflexe archaïque qui nous pousserait à accumuler des réserves pour être en mesure de faire face aux mauvais jours dès lors que l'on aurait constaté qu'on a moins que les autres. Un réflexe qui en a poussé certains à dévaliser les magasins aux premières heures du confinement. Un réflexe qui contribuerait largement à la malnutrition, car en l'occurrence l'expérience montre de façon troublante que le seul sentiment d'être pauvre suffirait à provoquer un désir irrépressible de calories. Un sentiment d'autant plus vif à se manifester dans une société telle que la nôtre où la publicité, les réseaux sociaux et les émissions de télé valorisent l'accumulation de biens matériels, l'ostentation et, en définitive, la comparaison sociale. Il faut être, par rapport aux autres, sinon l'on est mal jugé. Les plus fragiles, les plus sensibles, succombent.

Frustrés, ils avalent. Ce qui a un mérite, celui de dire à celles et ceux qui nous regardent que nous sommes insérés dans la société qui ne fait de publicité que pour ce qui est moderne, la bouffe industrielle. Je n'ai peut-être pas autant d'argent que mon voisin, mais je mange comme lui, des plats préparés, du snack, qui prouvent que je suis comme lui un travailleur pressé et stressé qui n'a pas que ça à faire. Ce que je mange est en vérité un message envoyé aux autres.

Mais c'est d'abord une information envoyée à soi-même. À son microbiote, le nom nouveau pour la très commune flore intestinale. Laquelle n'est pourtant pas végétale, car constituée d'une diversité de micro-organismes essentiellement bactériens, plus nombreux que nos propres cellules ! Une expérience est célèbre chez les nutritionnistes. Prenez deux souris, l'une de taille moyenne, l'autre obèse. Prélevez dans cette dernière un peu de microbiote, et donnez l'échantillon obtenu à manger à la première. Eh bien celle-ci ne tardera pas elle aussi à devenir obèse. L'inverse est plus lent, l'obésité résiste.

Grand spécialiste des micro-organismes, Marc-André Sélosse, chercheur et professeur au Muséum national d'histoire naturelle de Paris, m'avance une explication : "Chez les personnes obèses, le microbiote est en général moins diversifié en nombre d'espèces, il manque certaines bactéries, or, quand on a moins d'espèces, on perd des fonctions métaboliques." Arnaud Cocaul, médecin nutritionniste et spécialiste reconnu de l'obésité, en a une autre : "Les populations bactériennes se modifient à la prise de poids. J'ai des patients qui me disent qu'ils ont des pulsions sur des aliments qu'ils n'aiment pourtant pas !" Autrement dit, l'alimentation choisirait la flore bactérienne qui finirait par en prendre le contrôle. L'obésité créerait son propre écosystème. Ce qui est certain en tout cas est que ce que nous mangeons à la première enfance a une influence déterminante sur le développement de notre corps. "À se nourrir de façon déséquilibrée, on déséquilibre notre flore intestinale, et cela induit des problèmes au moins jusqu'à l'adolescence", développe M. Sélosse. L'hygiénisation, tout comme l'ingurgitation de mêmes plats, pis, de plats hypercaloriques, va entraîner une sélection naturelle parmi notre écosystème bactérien. Marc-André Sélosse prend un exemple qui n'est pas lié à ce que l'on mange, mais à notre naissance : "Il y a une différence de composition de notre microflore selon qu'on a été accouché, ou mis au monde par césarienne. Dans le premier cas, on a avalé des bactéries vaginales et fécales, dans l'autre, pas grand-chose. Les conséquences, en termes de composition microbienne, se font sentir jusqu'à environ l'âge de quinze ans !" Ce que l'on sème dès la naissance porte ses fruits pendant longtemps... On imagine alors la conséquence de n'avoir avalé que des patates, des chips ou des yaourts pasteurisés, ou de s'être fait traiter aux antibiotiques pour un oui pour un non.

En réalité, on imagine peu, car la réalité est sordide. Les publications scientifiques convergent vers un tableau clinique effrayant : dès lors qu'il s'installe, le déséquilibre du microbiote est impliqué dans beaucoup de maladies chroniques et ou auto-immunes telles que le diabète de type 2, la maladie de Crohn... et le surpoids. Le microbiote nous aide à digérer, la manière de le faire dépend de sa diversité spécifique. Plus celle-ci est faible, plus la part de bactéries favorisant l'inflammation est importante. Et voilà comment l'obésité peut devenir un piège duquel il est difficile de sortir.

Le docteur Cocaul en a l'expérience : "Il faut déjà se dire qu'il n'y a pas une obésité, mais des obésités. Chaque patient a une étiologie différente de celle de son voisin, et elle est multifactorielle. Vous savez, le génotype prédispose, le phénotype dispose et le psychisme impose ! Le corps ne doit pas être scindé de l'esprit. L'obésité s'installe après la puberté. Il faut agir très précocement, car un enfant pris tôt, aux premiers signes, avec un psychologue, peut s'en sortir." Après, c'est difficile, et cela finit par être impossible. "Il faut interroger le comportement alimentaire, et ne surtout pas dire au patient qu'il doit manger ceci ou cela. Mon patient en surpoids, je l'interroge sur son milieu socioéconomique, sa profession, l'endroit où il habite, ses stress de travail, personnels, etc. Ensuite, je lui demande ses antécédents médicaux et familiaux. Son poids d'équilibre, s'il le connaît, ses expériences de régimes, ses prises de médicaments (antibiotiques, cortisone, antidépresseurs ?). Et puis je lui demande comment il mange, s'il mange vite, s'il a des problèmes dentaires. Son sommeil, aussi, sa consommation d'écrans, ses activités physiques. Qu'est-ce qu'il aime manger, s'il a des ballonnements, des mets qu'il déteste. Et puis, évidemment, le passé infantile : comment étaient pris les repas à la maison ?"

On n'est pas tout à fait maître de ses choix, tant sommes-nous dépositaires d'un héritage culturel et familial, soumis aux injonctions sociales et publicitaires. Décider, c'est s'isoler un peu, cela demande du courage, et du savoir. Comment déterminer ce qui est bon pour soi quand on a peu de temps, peu de moyens, peu de culture agricole et nutritionnelle, peu d'estime de soi ?

2

QU'EST-CE QU'ÊTRE PAUVRE ?

Qu'est-ce qu'un pauvre ? Chacun a sa définition, car chacun en a peur de façon différente. Pour la richesse, c'est pareil : on se repère toujours par rapport aux autres. Alors, en posant la question, on entend différentes choses. Un pauvre ? C'est quelqu'un qui doit compter chaque sou au début, au milieu ou à la fin du mois. Ou bien c'est une personne qui ne peut pas se permettre le moindre superflu – mais ce qui est essentiel pour vous ne le sera pas forcément pour votre voisin. Le pauvre ne part jamais en vacances, dit-on souvent, il va dans les magasins à prix cassés, il s'habille et se meuble avec des articles de récupération (une façon de consommer devenue toutefois une mode chez les promoteurs de la sobriété heureuse). Être pauvre, c'est aussi être plus ou moins demandeur d'aides sociales, c'est habiter en logement social, ou, lorsqu'on est propriétaire, dans une petite maison posée en grande banlieue ou en pleine campagne, ce qui implique de se rendre au travail dans une voiture très polluante. Le pauvre gagne moins que la moyenne, ce qui semble évident. À moins que ce soit la médiane, ce qui est plus compliqué. Pour savoir, il faut définir, alors chacun y va de ses seuils statistiques.

Sous la médiane exactement

En France, la pauvreté commence donc lorsqu'on gagne 60 % de moins que le revenu médian. La médiane sépare deux parts identiques de la population : il y a celle qui gagne plus et celle qui gagne moins. En 2020 (statistiques de 2018), le revenu net médian dans le secteur privé est de 1 789 euros mensuels. En conséquence, est pauvre un Français ou une Française qui ne gagne pas plus de 1 073 euros. Avant 2016, le seuil se trouvait à 50 % du revenu médian, ce qui, mine de rien, faisait moins de monde. Cette légère modification liée à une harmonisation statistique européenne a fait gonfler le nombre de pauvres de 5 à plus de 9 millions en France.

Soit près de 14,8 % de la population selon une étude de l'Insee parue ans septembre 2020. Ce pourcentage avait chuté entre les années soixante-dix et quatre-vingt-dix, il remonte depuis lors, en particulier depuis la crise financière de 2008.

Manger ou ne pas manger ?

Ces chiffres sont abstraits, car ils ne disent rien de ce que ces sommes impliquent d'impossibilités. Dans un sondage conduit par l'institut Ipsos pour le Secours populaire en 2018, qui avait marqué les esprits, on découvre que 27 % des Français interrogés éprouvent plus ou moins de difficultés à acheter des fruits frais chaque jour, 22 % qu'il est compliqué de consommer du poisson au moins une fois par semaine, 21 % de se procurer une alimentation "saine" (à base de produits bruts, peu de produits transformés) permettant de faire trois repas par jour. 19 % des sondés avouent être parfois gênés pour payer la cantine des enfants (c'est plus de la moitié pour les personnes statistiquement pauvres) et 17 % qu'ils ne peuvent pas manger de la viande au moins une fois par semaine.

Le Secours populaire avait centré son enquête sur l'alimentation, parce qu'elle est un bon indicateur de la pauvreté réelle : lorsqu'on en est à rogner sur le budget alimentation, à sauter un repas, c'est que les choses vont vraiment mal. Car après, que reste-t-il comme levier sur lequel agir pour s'en sortir ? Aucun, puisqu'on a souvent déjà rogné sur tout. Dans une enquête de l'Observatoire des inégalités, on se rend compte que la pauvreté est une litanie de privations, qui commence par le paiement systématiquement en retard des factures, et se termine par la coupure du chauffage en plein hiver. À l'Agence nationale de l'habitat (Anah), on sait que des familles vivent chez elles… dans une tente, dans une seule pièce, lorsqu'il fait très froid. Ces familles n'utilisent plus le four ni la gazinière pour faire chauffer leur nourriture, uniquement le micro-ondes, dans le meilleur des cas. La situation n'est pas nécessairement plus florissante chez les étudiants, dont la pauvreté s'accroît, vu les loyers démentiels fixés par le marché. En 2017, en France, 5 millions de personnes ont eu recours à l'aide alimentaire. Selon la Fondation Abbé Pierre, dont le rapport annuel fait autorité, 4 millions d'entre nous sont mal-logés, 2,4 millions vivent dans des logements considérés comme dégradés, 1,3 million, dont 600 000 enfants, habitent un logement administrativement qualifié d'indigne, 12 millions ont du mal à un moment de l'année à payer le loyer ou les charges (dont la facture de chauffage) du logement...

Jeune, CAP, en ville

En définitive, qui est pauvre ? Les données statistiques permettent de dessiner un portrait-robot. Jeune, peu diplômé, urbain, ouvrier ou chômeur. La pauvreté n'est pas sexuée, car il y a pratiquement autant d'hommes que de femmes. Elle concerne des familles dans deux tiers des cas. Dans deux tiers des cas également, elle est corrélée avec l'absence de diplômes supérieurs au CAP : à peine 10 % des personnes qui sont allées deux années après le bac sont en situation de pauvreté. Le diplôme reste donc, quoi qu'on en dise, un sérieux rempart à la difficulté. Par contre, ce n'est pas parce qu'on habite à la campagne ou dans une petite ville qu'on vit modestement ; deux tiers des pauvres vivent en effet dans une grande ville ou en banlieue.

En octobre 2020, l'Observatoire des inégalités a croisé d'autres chiffres encore. Les résultats sont effarants : selon l'institut, 2,2 millions de personnes vivent sous le seuil de la grande pauvreté, c'est-à-dire avec moins de 40 % du revenu médian (pas plus de 715 euros par mois pour une personne seule). Autre chiffre, quatre millions de ménages se contentent des minima sociaux pour vivre, ce qui représente plus de 6 millions de personnes en comptant conjoints et enfants.

C'est bien pire ailleurs

Ces chiffres font peur, d'autant qu'ils ont sans doute grossi durant la crise de la Covid-19, et qu'ils grossiront encore quand, une fois le virus passé, des entreprises se retrouveront démunies après la fin des aides diverses et variées de l'État. Lequel, il faut le dire et le redire, est un de ceux qui protègent le mieux les moins bien lotis d'entre nous. À celles et ceux qui se plaignent de la situation en France, qui accusent l'État de ne rien faire, rappelons qu'il y a deux fois plus de personnes en situation de grande pauvreté en Grande-Bretagne que chez nous.

Dans la mine que constitue le rapport "Minima sociaux et prestations sociales" rendu public par le ministère du Travail en 2020, on apprend que 41 % des revenus touchés par les pauvres sont constitués de prestations sociales. Cela signifie que sans celles-ci, une personne seule en situation de pauvreté toucherait 346 euros de moins par mois – en moyenne. Par ailleurs, ces aides sont bien ciblées, car elles sont plus élevées pour les familles monoparentales, les familles nombreuses et les moins de 20 ans, les trois catégories de Français les plus touchées par la pauvreté. Pour le dire autrement, si la France n'était pas aussi généreuse, car elle l'est, preuve en est avec ce qui suit, le taux de pauvreté ne serait pas de 14,8 %, mais de 22,1 %. Plus parlant encore, en l'absence de ce système de redistribution payé par nos impôts, l'écart de revenus moyens entre les 10 % les plus riches et les 10 % les plus pauvres serait de 6,3 au lieu de 3,5. Autrement dit, la redistribution divise par deux la différence de revenus réels entre riches et pauvres.

Et ce, en temps réel, si l'on ose dire. Dans une étude de 2018, l'Insee montre ainsi que s'il n'y avait pas eu redistribution, le revenu des 10 % les plus pauvres aurait baissé de 10 % après la crise de 2008, alors qu'en réalité il n'a pratiquement pas changé. De même pour le revenu des plus riches, qui aurait juste un peu augmenté sans la redistribution dont ils sont, soit dit en passant, les plus gros contributeurs. En regardant les données européennes (Eurostat), on fait le même constat : en ne tenant pas compte des prestations sociales, le taux de pauvreté augmenterait de près de 10 points en France et de 6 en Grande-Bretagne (et en Allemagne). Il n'y a que la Norvège, l'Autriche, la Suisse et le Danemark (18 points d'écart !) à se montrer plus efficaces que nous.

Inégalités, mauvaise santé

Voyons large, changeons d'indicateur. À l'échelle du monde, les données croisées de la Banque mondiale et de l'OMS affichent une droite régressive entre le niveau d'inégalité d'une société (l'indice de Gini) et l'espérance de vie. L'être humain vit plus vieux dans un pays égalitaire... c'est-à-dire, selon les deux organismes internationaux, en Europe (sauf Espagne, Portugal, Italie, Grèce, Grande-Bretagne, Pologne et pays baltes). Aux États-Unis par exemple, l'espérance de vie est de quatre ans inférieure à la nôtre. Dans ce pays, le plus riche et le plus inégalitaire du monde occidental, mais aussi celui qui sait mieux que personne faire de l'épidémiologie, le taux de maladies cardiovasculaires évolue en proportion inverse des revenus. On a plus de chances de faire un infarctus quand on a un métier de pauvre. La même corrélation est observée partout dans le monde : chez nous en Europe, le taux d'insuffisance cardiaque est de près de 11 % par an, contre près de 12 outre-Atlantique. Cette relation s'observe mieux encore à propos de la mortalité infantile, qui touche 1 à 2 enfants pour 1 000 naissances en Europe, contre... 5 à 6 aux États-Unis. Un pays où l'écart d'espérance de vie entre les plus riches et les pauvres est de 12 ans. Un écart qui se réduit selon le niveau d'inégalités des États de la fédération américaine. Un écart qui s'est creusé avec le temps : dans les années soixante-dix, les médecins américains ne remarquaient pas plus de cancéreux chez les pauvres que les riches, alors que pour le seul cancer du poumon, le taux est d'environ 48 pour 100 000 par an chez les plus pauvres, contre 42 pour les plus riches.

Être pauvre, même en France, c'est une peine multiple. Nous l'avons vu à Soumoulou et à Dunkerque, et c'est Alexis Jenni qui, pour chaque reportage de ce livre, vous en parle.

"Soumoulou, c'est pas la fête."

Soumoulou, nous ne voyions pas très bien où c'était. C'est simple pourtant : aller jusqu'à Pau, prendre la deux-fois-deux-voies en direction de Tarbes, et là passer de feux rouges en ronds-points à travers l'alternance de hangars à canards, de champs de maïs, d'îlots pavillonnaires et des grandes boîtes aveugles de la grande distribution. "Soumoulou, c'est pas la fête", nous avait dit un gendarme à moto qui nous avait arrêtés pour une appréciation confuse de la rougeur pourtant très nette d'un feu orange. Et en effet, dans cet habitat diffus du Béarn rural, le fait que ce soit un village ne saute pas aux yeux ; sur les bords de la deux-fois-deux-voies, les maisons se concentrent un peu, certaines abritent des commerces au rez-de-chaussée, on aperçoit une église et un marché couvert en béton délavé par l'âge et les pluies, dont on apprendra plus tard qu'il s'agit d'un gros marché de volailles, donc ici de canards, et qu'il fait la réputation du lieu, et un peu de sa richesse. Mais des rues, pas vraiment. Nous trouvons la vitrine de la boutique solidaire du Secours catholique, qui partage un pas-de-porte avec un cabinet de conseil et d'expertise comptable. D'un côté une com rigoureuse, et de l'autre une simple bannière, et une étagère portant des livres en vrac avec une affichette "Servez-vous !" répétée trois fois, et des vêtements hétéroclites que l'on vend ici très peu cher.

Traverser la rue, paraît-il...

On nous accueille dans une petite pièce, ils sont déjà sept autour d'une table à partager un café, c'est exigu, souriant, chaleureux. Il y a là Nicole, responsable de la boutique et de l'épicerie solidaires, Suzanne, bénévole à l'épicerie, Virginie et Alexandra devenues bénévoles après avoir été obligées, disent-elles pudiquement, de pousser la porte pour demander de l'aide ; Jordan, le seul homme, et colossal, qui s'occupe de l'équipe du potager, et puis Mathilde, qui habite en face. Bénéficiaire ? bénévole ? Non, elle a juste traversé la rue, comme Macron, enchaîne-t-elle du tac au tac, avec gouaille ; et enfin Fabienne, qui est coordinatrice du Secours catholique, elle accompagne les projets en Béarn rural, cette vaste zone de peuplement diffus qui n'est pas l'agglomération de Pau, où se mêlent agro-industrie, petites entreprises, et espaces naturels montagnards.

Voilà une quinzaine d'années s'est établie à Soumoulou une petite boutique de vêtements d'occasion et un lieu de distribution de produits d'épicerie en provenance de la banque alimentaire, délivrés sur prescription, c'est-à-dire au profit de bénéficiaires envoyés par les services sociaux. Et puis la situation s'est lentement dégradée. Pas de plans sociaux massifs, pas de naufrage économique, pas d'effondrement spectaculaire, non, un lent grignotage par la paupérisation. À Soumoulou, cette petite ville de 2 000 habitants, le nombre de bénéficiaires de paniers alimentaires est passé en moins de dix ans de 5 par mois à 10 par semaine, ce nombre correspondant à un foyer, donc chaque fois à 3 ou 4 personnes ; ou plus. Au début, les gens venaient chercher un complément alimentaire, maintenant ils viennent chercher ce qu'ils mangent ; ils ne sont plus aidés, mais nourris par la banque alimentaire. Et dans le même temps, celle-ci donne moins : le nombre de bénéficiaires augmente, elle partage ses ressources entre toutes les associations caritatives, et ce que reçoit la boutique de Soumoulou diminue.

"Soumoulou, c'est pas la fête", nous avait dit le gendarme à moto, énigmatique. Et on voit que cette campagne sans histoire dissimule un drame social lent, celui dont on a pu voir la brutale déflagration pendant l'hiver 2018-2019. Des gens s'installent ici dans de petits lotissements autour des villages, ils fuient la ville où tout est trop cher, mais ici il n'y a pas d'emploi, et ils vont travailler à Pau ou Tarbes, en voiture, ils peuvent faire trois heures de route par jour, ils font le plein tous les samedis, 200 euros d'essence par mois, et sur un Smic, ça pèse. Et puis les petites entreprises ferment une à une, sans bruit mais nombreuses, l'agro-industrie se restructure en détruisant des emplois, la grande distribution *low cost* qui s'établit sur ces territoires modestes est économe en postes de travail : l'aubaine du chômage permet de pressurer les employés, ils font tout, on en engage moins.

"On nous donne ce que personne d'autre ne mange !"

"Je travaillais, en octobre j'ai été licenciée, je ne trouvais rien et il y avait toujours le loyer, les factures. L'assistante sociale m'a envoyée là." Voilà résumé le lent naufrage des petites classes moyennes fragilisées, la disparition du travail qui mène au caritatif. Traverser la rue pour trouver un emploi ? Quelle rue ? La deux-fois-deux-voies ? C'est pareil de l'autre côté. Et quel travail ? Il s'évapore partout. La légende de l'assistanat "cancer de la France", tombe d'elle-même quand on est ici à Soumoulou, où ce n'est pas la fête : celle qui nous raconte avec pudeur sa chute brutale, du monde du travail à celui du caritatif, comme si le plancher économique mité s'était brusquement effondré sous ses pieds, celle-là s'excuserait presque de recevoir une aide. Dans le ton de sa voix, dans le regard qui parfois se voile, ce que nous ressentons de ce qu'elle exprime, c'est la honte, la grande tristesse d'avoir perdu son autonomie. "Toute seule, ça va, ajoute-t-elle, mais il y a les enfants derrière, qui réclament à manger."

Dans l'épicerie solidaire, il n'y a que des produits secs, Soumoulou est hors des circuits de distribution des produits frais. Nous allons voir l'entrepôt, c'est juste derrière, une petite pièce aux murs bordés d'étagères métalliques. L'ambiance est étrange, comme une caricature de magasin d'État des temps soviétiques, où tout manque, et le reste ne paie pas de mine. Sur les rayons presque vides, des sardines, du thon, du riz, des fruits au sirop en boîte, des plats préparés pour une seule personne, des emballages simplifiés, sans marque reconnaissable, c'est du bas de gamme de la grande distribution, rien à voir avec la joyeuse ribambelle des marques du monde de la consommation. Ici, le riz s'appelle riz, et le thon, thon, rien de plus. Et ceci fâche tout le monde.

"On a l'impression de fourguer les restes de la grande distribution, qui, en plus, défiscalise ce qu'elle donne. Il ne faut pas se laisser aller à cette illusion que l'on donne beaucoup et bien, parce que franchement, ni l'un ni l'autre. Les plats cuisinés que vous voyez là, avec leurs jolies photos sur la boîte en carton, c'est pas bon du tout. C'en est même une honte. Ce sont souvent des produits en fin de vie, plus ou moins liquéfiés, c'est déjà de la soupe quelle que soit la photo sur l'emballage." Nicole, courageuse, goûte tout avant, elle ne va quand même pas donner quelque chose qu'elle-même ne mangerait pas.

"Vous avez déjà jeté des produits ?

— Oui."

Des plats cuisinés où il y a plus de gélatine que de viande, des crèmes dessert faites de sucre aromatisé et gélifié. On avait des retours des bénéficiaires, qui nous disaient, un peu gênés : "C'est pas vraiment bon, ce truc. Même le chien n'en mange pas." Et ce n'était pas une image.

Pourquoi c'est si mauvais ? Le pire, c'est ce qui vient du FEAD, le Fonds européen d'aide aux plus démunis. Avant, on puisait dans les surplus agricoles pour les distribuer aux associations caritatives, mais ces surplus n'existent plus, et maintenant le FEAD lance des appels d'offres pour la production de produits alimentaires à destination du caritatif, c'est fabriqué un peu partout, et c'est sans doute le moins cher qui emporte le marché. Cette logique purement comptable appliquée au caritatif fâche Jordan : "Comme si on se disait : ils n'ont rien, ils vont s'en contenter. En gros, on est le cochon de fin de service, on nous donne ce que personne d'autre ne mange." Cette logique implacable du moins-disant mène directement à l'affaire découverte en juin 2019 des faux steaks hachés fournis par une société polonaise au FEAD qui les redistribuait aux associations caritatives, Banque alimentaire, Secours populaire, Restos du cœur. Dans ces steaks, pas de viande, mais du gras, de la peau, du soja et de l'amidon, le tout mixé, coloré et mis en forme comme si c'était ce que ce n'est pas : difficile de faire moins cher. Rien de toxique, mais d'une qualité alimentaire nulle, plus proche de la nourriture pour animaux que de l'alimentation humaine. "Souvent, dans le réseau caritatif, on entend : "Il vaut mieux ça que rien..." Mais ça, on ne veut plus l'entendre, martèle Jordan de sa grosse pogne sur la table qui paraît soudain bien fragile. "Nous, on dit : mieux vaut rien que ça !"

"Qu'est-ce qui ferait qu'on n'aurait plus honte ?"

Penser que les pauvres doivent se contenter du bas de gamme, voire de produits qui ne font même pas partie du circuit commercial habituel, est une représentation bien ancrée, si spontanée qu'on ne l'interroge même pas. Et on nous raconte les collectes dans les supermarchés où les gens achètent pour eux un riz normal, et pour donner un riz basique en sac plastique neutre, ou bien cette anecdote où quelqu'un allant chercher de quoi organiser un goûter avec des bénéficiaires, avec un budget tout à fait suffisant, revient avec des gâteaux en vrac et des sodas sans marque, et tout confus ne sait pas quoi répondre à la question : "Tu aurais pris ça, pour toi ?" Ces pauvres, j'emploie encore le mot car il s'agit autant de symbolique que de catégorie statistique, que nous voyons autour de nous, ne sont pas des clochards désocialisés, ils sont comme nous, comme la majorité des Français, ils font partie des classes moyennes paupérisées, ce sont des naufragés de la lente bascule de la France périphérique, et ils vivent avec accablement, colère et honte, leur exil du monde commun.

Dans leur situation, le budget alimentation, qui est d'environ 13 % des revenus en moyenne, grimpe à 25 %. Manger devient un problème. Jordan nous explique que vivant avec ses enfants du seul salaire de sa femme, après avoir réglé tous les frais fixes, il leur reste 1 euro par jour et par personne pour vivre. Comment on fait avec ça ? On ne fait pas, la viande on oublie, on cherche le bas de gamme, on vient à la banque alimentaire. Et on envoie les enfants à la cantine pour qu'ils aient un repas complet par jour. Au moins. Et encore, il a de la chance d'être à la campagne, il y a le jardin et quelques poulets. Parfois, en fin de mois, gaz et électricité manquent pour cuisiner. Alors on profite des heures creuses, et on cuisine à onze heures du soir pour le lendemain. À la boutique, on a le projet d'un atelier cuisine sur un lieu collectif, pour mutualiser les dépenses et s'entraider. On l'oublie : quand les revenus sont très faibles, cuisiner à un coût visible.

Alors ceux qui s'occupaient de la boutique et de l'épicerie solidaires ont invité tout le monde à réfléchir. Ils ont été vingt-cinq à venir, ils se sont mis autour d'une table et se sont mis d'accord qu'il y avait quelque chose à changer. Mais quoi ? Et comment ?

"Qu'est-ce qui serait bien ? Qu'est-ce qui serait utile ?

— Nous, on ne veut rien, on a juste honte.

— Qu'est-ce qui ferait qu'on n'aurait plus honte ?"

La participation, sans doute. Effacer les différences entre les bénéficiaires et les bénévoles. Simplement s'entraider, créer un lien, participer à ce qui se fait, et ce qui se fait c'est nous qui le faisons ; comme une confrérie. Ça change tout. Car si on est seulement bénéficiaire, si on vient seulement chercher de l'aide, on a honte, on craint de croiser sa voisine, mais si on s'entraide, alors on ne se cache plus, on est même content de rencontrer sa voisine pour bavarder un peu. "Ils nous donnent des paquets de bouffe, alors pour remercier on participe", dit Mathilde avec sa gouaille énergique, ce qui fait rire tout le monde tellement c'est juste, net, et en peu de mots. "Il fallait venir donner mon avis, m'a dit Nicole, je le donne", conclut-elle.

Que faire ? Un groupe est fondé : UNINAT, un groupe d'entraide où il n'y aura plus de bénéficiaires ou de bénévoles, tout le monde sera uninatien. Et puis a été décidé de faire le jardin. Car comment avoir des vrais produits frais quand la banque alimentaire n'en fournit pas, comme on l'a déjà dit ? Eh bien, en les faisant pousser... comme vous le verrez au chapitre 4.

Nous reprenons la deux-fois-deux-voies vers Pau, feux rouges, ronds-points au milieu de presque nulle part, nous nous souvenons de l'exclamation provocatrice de Mathilde : "Nous, on va voter Gilets jaunes !" Et ce paysage qui défile par les vitres de la voiture, ce paysage très vert et sans forme, enlaidi par les implantations désordonnées et les établissements fermés, c'est celui, sans grâce, de la France qui a du mal.

La petite pierre de Dunkerque

Après Soumoulou, nous nous rendons de l'autre côté de la France, à Dunkerque. Dans l'équipe qui travaille à ce livre, deux sont ch'tis, un ne l'est pas, moi, Alexis Jenni, et quand nous allons à Dunkerque les deux reprennent l'accent pendant tout le trajet, ils énumèrent à la rigolade les clichés sur le Nord, ils sont familiers de tout, la brique, le welsh et l'ambiance bon enfant. Le troisième, qui n'y connaît rien, reconnaît ce qu'il entend, mais est surpris de ce qu'il voit. De Dunkerque j'imaginais quelque chose de flamand et lugubre, Bruges-la-Morte en version désindustrielle, probablement enfoncée dans le sable par un couvert de nuages trop bas et trop lourds, et puis non : au soleil de mai c'est pimpant, dans le centre reconstruit comme en Lego géant, les immeubles tracés à la règle et l'équerre dessinent de grandes avenues, de beaux espaces aérés, et il faut s'approcher pour remarquer la dégradation des parements de béton blanc, qui se fissurent dans les coins sous l'effet du gonflement des ferrures qui rouillent.

Dans les bus gratuits qui parcourent la ville, des jeunes gens en survêtement, des messieurs usés par une vie difficile, des Africains en vêtements dépareillés, au regard énergique, mais désœuvrés. Après une marche un peu zigzagante dans de longues rues bordées de maisons de briques rouges, parfois jaunes, ce qui fait raconter à l'un des deux Ch'tis que lorsqu'il était petit, il croyait que ceux qui avaient une maison en briques pas rouges c'étaient les riches, parce qu'il n'y en avait pas beaucoup, des riches, précise-t-il, nous arrivons à l'épicerie, qui est une église.

Nous sommes à Coudekerque-Branche, de ces noms étranges qui mélangent deux langues, devant l'église Saint-Pierre construite en 1960, élégant bâtiment moderniste avec une grande baie vitrée à parements de briques qui occupe toute la façade. Tout est entouré d'arbres, c'est très vert, très rouge, et au-dessus, très bleu. Dedans, c'est comme la grande salle d'un gymnase éclairée par la verrière, et sont installées comme des cabanes en bois toute une série de boîtes, de cloisons, d'étals, qui rendent habitable ce grand espace de lumière douce ; nous sommes à l'épicerie solidaire.

Stéphanie nous accueille, jeune femme longiligne et souriante, qui nous place autour d'une table, nous sert un café nordiste, et nous explique tout.

La pauvreté, ça grignote

Le lieu où nous sommes, cette épicerie construite dans une église, n'existe que depuis quelques mois ; mais La Petite Pierre, l'association qui la fait vivre, a été fondée en 2017 par un collectif de six associations impliquées dans l'aide alimentaire, dont le Secours catholique. Après discussion, elles étaient toutes arrivées à la même conclusion : distribuer des colis alimentaires, cette pratique d'urgence, ne suffit plus à lutter contre une précarité qui dure. D'un autre côté, le Carrefour des solidarités qui consultait régulièrement les bénéficiaires de l'aide alimentaire, faisait remonter une lassitude de faire la queue, pour des colis qui ne correspondaient pas toujours aux besoins, puisque constitués du don des surplus de la grande distribution. Il y avait une vraie demande de participation et un constat de l'insuffisance du modèle purement distributif, fort utile dans l'urgence, mais ne changeant pas grand-chose à la situation.

L'aide alimentaire, ce sont ici 200 familles qui y ont recours régulièrement, 500 à 600 de façon ponctuelle, estimation basse puisque certaines associations, comme les Restos du cœur, ne communiquent pas le nombre de leurs bénéficiaires, et puis il y a ceux qui ne demandent rien, et aussi les exilés, toujours discrets.

“Les exilés ?” Le mot nous surprend. Stéphanie nous l'explique : ceux que l'on appelle partout ailleurs les migrants, on peut les appeler plus justement les exilés. C'est vrai, convenons-nous. Ce retournement sémantique surprend, mais il est très juste : dire “les chassés” plutôt que “les attirés”, ça change le regard, et décrit sans doute mieux ce qui anime ceux qui passent les déserts, les frontières, la mer et tout le continent européen étroitement surveillé. “À Dunkerque, nous sommes dans une zone de transit... précise-t-elle, et il y a un réseau d'aide aux exilés du Dunkerquois, qui est très actif.”

Bref, pour tout ce monde, il y a trop peu de lieux de distribution dans l'agglomération de Dunkerque, et une faible marge de manœuvre pour l'approvisionnement, puisque tout vient des banques alimentaires, dont on sait les sources et les contraintes. Donc créer un nouveau lieu, qui serait social, solidaire, participatif, approvisionné en bons produits que l'on pourrait choisir, à bas prix pour les plus précaires, cela semble une bonne idée, qui correspond aux impasses du modèle purement distributif, et à la demande sociale telle qu'elle a pu être entendue. Mais cela coûte, et il n'y a pas de fonds disponibles. "Eh oui, il n'y a pas de modèle économique de la pauvreté ; on est dépendant des financements, il faut s'y faire", lance un des deux Ch'tis qui a perdu tout accent ; la cause est sérieuse, et elle n'est pas facile à faire entendre, il le sait bien. On ne répare pas les failles du social sans argent.

"Mais ça coûte plus cher de ne rien faire, continue Stéphanie, il y a des coûts cachés de la précarité, du point de vue de la santé, de la formation, de la déréliction du lien social, mais ils sont difficiles à chiffrer. Quelqu'un qui n'est pas bien dans ses pompes, il ne se réintégrera pas. La pauvreté, ça grignote. On perd son boulot, on perd confiance, on perd son estime de soi, on n'a plus de moyens et on réduit sa vie sociale, on reste chez soi et on ne peut plus payer ses factures, à la question « Qu'est-ce que tu fais dans la vie ? » on ne répond plus rien. On se retrouve comme un gamin sur un banc d'école, puni pendant que les autres jouent. On se trouve à devoir se justifier de tout, de son expérience, de son chômage, de toutes les aides, et finalement de son existence. Heureusement, un certain nombre d'associations donnent la parole à ces précaires dont on préférerait qu'ils se taisent, et on entend : « On en a marre de faire la queue, de bouffer de la merde, ce n'est plus possible. On veut participer. »"

"Un projet pour pauvres est un pauvre projet."

Stéphanie ne sait plus quelle est l'origine de la formule, mais elle l'adopte comme garde-fou de son propre projet : elle veut mélanger les publics. Lors d'une expérience antérieure de fondation d'un café citoyen, elle a remarqué que les projets alternatifs, si utopiques et généreux soient-ils, débouchent le plus souvent spontanément sur un entre-soi social confortable, qui n'est pas son but. Elle veut brasser, fonder un groupement d'achat, mais aussi un restaurant social, proposer à tout le monde des produits frais, bios, locaux, qui ne soient pas de la ramasse de supermarché. "Je ne vais pas faire la promotion de produits que je ne mangerais pas moi-même, dit-elle. Il ne faut pas s'obséder sur le prix comme seul critère, de toute façon une épicerie de quartier ne sera jamais moins chère que la grande distribution si elle propose les mêmes produits, fournis par les mêmes industriels : une association ne peut pas lutter contre une centrale d'achat, elle n'a pas les mêmes armes. Pour exister comme on le souhaite, il faut changer de produits, de gammes, de fournisseurs, il faut occuper une niche différente."

Mais une des difficultés est que le Nord produit très peu de bio. La région est très peuplée, il y a une grosse pression foncière, difficile de trouver des terres pour s'installer en bio. "On est dans un environnement... commence-t-elle, en cherchant ses mots... Enfin, c'est le Nord, quoi..." Heureusement, les deux Ch'tis sont là pour traduire ces propos énigmatiques. Ici, on pratique depuis longtemps une culture industrielle à grande échelle, c'est la patrie des pommes de terre et de la betterave. "Ici, ils plantent les patates en combinaison étanche, dit l'un, elles sont imprégnées d'une poudre verte faite de pesticides, c'est plus un champ, c'est la centrale nucléaire de Gravelines. J'ai un copain producteur de pommes de terre, il ne les mange pas, et il refuse d'en vendre à sa famille, il les vend à McCain, aux industriels de la patate transformée.

— Ce sont des terres lourdes, humides, renchérit l'autre, très sensibles aux attaques parasitaires quand on pratique les grandes monocultures, alors on traite, massivement."

En octobre 2017, La Petite Pierre se lance, par un achat groupé d'oranges bios siciliennes. Deux tonnes quand même, vendues par paquets de 12 kilos. Une partie est vendue plein tarif, avec une petite marge, le reste à demi-tarif, sans dossier social, sur simple déclaration. Il y aura 70 acheteurs, assez de pleins tarifs pour financer les autres, selon les principes de l'épicerie sociale et solidaire. Qui peut fonctionner de façon ponctuelle, sur une commande. À plus grande échelle, sur la durée, c'est une illusion.

L'autre projet de démarrage est de fournir des paniers de légumes, produits par Les Jardins de Cocagne, un jardin d'insertion. Le panier vaut 9 euros, est vendu 5 euros à l'association, qui le revend 2,50 euros aux familles. Le coût est financé par le Secours catholique et l'agglomération de Dunkerque, qui compensent la différence auprès des Jardins et de La Petite Pierre.

"Combien de paniers ?

— Quinze par semaine.

— C'est... peu par rapport aux besoins... osons-nous dire.

— Oui. C'est sûr qu'on ne peut pas rivaliser avec les associations de distribution déjà en place. Mais ce n'est pas le but. Si tu démarres sur une idée, ça ne mobilise pas. Tu as beau aller aux distributions, contacter les gens, leur exposer ce que tu veux faire, personne ne va suivre s'il n'y a qu'une idée à suivre. Alors on commence, même petit, pour que ça ne soit pas que théorique : on a quelque chose à proposer. Ceux qui viennent, on ne leur demande aucun dossier, on ne contrôle pas, à la différence des autres associations qui reçoivent des bénéficiaires envoyés par les services sociaux. Prouver une fois encore qu'on est pauvre, ça nous paraît de trop, et ce que nous voulons, ce sont des adhérents à un projet."

Lydie, une autre salariée de l'association, vient nous proposer du jus de pomme. "Il vient d'Herzeele", dit-elle avec l'accent de Yolande Moreau. La carte nous apprend que c'est entre Bambecque, Houtkerque, Wormhout et Oudezeele, c'est pas loin, c'est très local. Nous promettons à Lydie qu'elle sera dans le livre.

15 euros

L'église où nous sommes est déconsacrée, elle offre maintenant son bel espace intérieur d'un seul tenant à l'épicerie solidaire, ouverte depuis six mois. Les rayons en bois brut ne sont pas très achalandés, on y trouve des produits locaux comme de la carbonnade, du potjevleesch, du lapin cuisiné à la bière et des tartinades de betteraves et d'endives, toutes choses qu'on ne trouve sûrement qu'ici, et des produits Colruyt, la chaîne de grande distribution belge. Sur les produits d'épicerie, la marge est classiquement de 30 %, mais il y a plusieurs tarifs, 100 %, 70 %, 50 %, en fonction du reste-à-vivre calculé sur déclaration. L'Observatoire des inégalités place la limite de survie à 15 euros de reste-à-vivre, et ici un revenu de moins de 6 euros par personne et par jour donne droit aux paniers à 2,50 euros, et à un tarif de 50 % sur l'épicerie. Pour l'instant, 30 foyers bénéficient de ce tarif ; l'objectif est d'en atteindre 200, mais on en est loin car la différence doit être financée. Une cinquantaine de foyers paient plein tarif, permettant d'équilibrer l'ensemble tant qu'ils viennent s'approvisionner ici. L'agglomération et la région ont contribué à l'aménagement, mais peu au fonctionnement, selon les principes de financement public maintenant en vigueur, seul le Secours catholique finance le nécessaire fonctionnement. Du coup, pas de stocks puisque pas de budget pour ça, l'épicerie fonctionne comme un groupement d'achat : choix dans une liste de produits, commande, paiement, livraison.

Qui vient là ? Femmes seules avec enfants, intellos précaires, gens en galère, militants de la transition écologique et de l'engagement citoyen, mais de ça on ne parle pas parce que ça ne parle à personne, on fait.

“Des gens de toutes origines ethniques ?

— C'est sûrement encore une barrière à franchir ; d'un autre côté, il n'y a pas tant de diversité, à Dunkerque.

— Ah ???

— À Grande-Synthe, c'est différent, plus divers, parce qu'il y a plus d'implantations industrielles, ce qui d'ailleurs en fait une commune plus riche, qui peut investir dans des projets de transition écologique. Mais les gens ne viennent pas là que pour bouffer, aussi pour des projets communs, se rencontrer, sentir qu'on n'est plus seul. Nous avons créé un jardin.

— Où ça ?

— Là, juste derrière l'église."

Comme à Soumoulou, nous vous y donnons rendez-vous au chapitre 4.

La chaude lumière de ce soir de mai fait briller les feuillages, le clocher de briques, les yeux de Stéphanie. Nous sommes dans le Nord, dans le cœur un peu décati de l'ancienne civilisation thermo-industrielle, qui a depuis deux siècles fait de nous ce que nous sommes, mais dont nous craignons qu'elle ne s'effondre. Trente ans de désindustrialisation font qu'ici on sent bien ce que c'est, la fin, alors on invente. Dans ce territoire secoué de toutes les crises contemporaines, d'infatigables utopistes sans moyens créent des futurs à échelle humaine dont il serait utile à tous qu'ils soient connus ; voire soutenus.

3

L'AIDE ALIMENTAIRE TELLE QU'ELLE EST

Dans notre imaginaire, l'aide alimentaire est réduite aux files d'attente des Restos du cœur et aux caddies que des bénévoles nous demandent de remplir à l'entrée des grands magasins. Elle est plus vaste que cela en réalité, car elle est un rouage méconnu de l'économie sans lequel le système agroalimentaire français ne saurait pas quoi faire de ses surplus et de ses invendus. De fait, la pauvreté est un maillon essentiel du recyclage de nos déchets alimentaires : sans elle, tous nos rebuts finiraient à la poubelle. Elle est un acteur économique dévalué aux yeux de tous, qui confère pourtant de la valeur à des produits qui seraient autrement considérés comme des déchets. La pauvreté a de l'avenir.

L'aide alimentaire aussi. Elle est supportée en France par notre générosité, mais aussi, et nous le savons peu, par des subventions et diverses dépenses publiques locales, nationales et européennes ; ainsi que par l'obligation de don aux associations faite à la grande distribution. Une obligation assez douce, car le système fiscal se montre très arrangeant avec le don, qu'il soit fait par une entreprise ou chacun de nous. Dans notre esprit, l'aide alimentaire, c'est aussi et surtout les bénévoles. On les voit, mais on n'en mesurait pas vraiment l'importance jusqu'à ce que le confinement du printemps 2020 ne privât les associations de beaucoup de ces bonnes volontés. Cela a fait craindre une catastrophe. On s'est alors rendu compte que l'aide repose avant tout sur 200 000 personnes, qui travaillent sans rémunération pour les autres. S'il fallait les payer, on imagine le coût pour la collectivité. Voilà des invisibles qui, comme tant d'autres, font un boulot essentiel pour la bonne marche de la société. Le pauvre et le bénévole, le duo essentiel qui empêche le système agroalimentaire de gâcher ses monceaux de déchets. Dans un rapport de l'Inspection générale des affaires sociales (Igas) rendu public en 2020, l'ensemble de ce système est décrypté, et son visage n'est pas très charmant.

Six-cent millions d'euros, voilà à peu de chose près l'argent qui est injecté sous une forme ou une autre chaque année par les pouvoirs publics dans le système de l'aide alimentaire. Le rapport détaille les dépenses, mais en préambule, on y lit que les volumes distribués ont quasiment doublé en dix ans, pour atteindre 335 000 tonnes en 2018. Après quelques phrases seulement, on apprend que cela ne fonctionne pas bien du tout.

Tout d'abord, il y a au sommet le Fonds européen d'aide aux plus démunis, le FEAD. Les denrées qu'il achète sur financements des États membres de l'Union européenne, et sur appels d'offres gouvernés par la règle du moins-disant (le moins cher suffit, et cela explique le scandale 2019 des steaks hachés polonais pleins d'eau, de soja, d'amidon, de peau et de tendons), constituent le quart de ce qui est distribué sur le continent. Gérées pour la France par FranceAgriMer, un organisme du ministère de l'Agriculture, et la Direction générale de la cohésion sociale du ministère de la Santé, les denrées du FEAD sont distribuées principalement par la Croix-Rouge (CRF), la Fédération des banques alimentaires (FFBA), les Restos du cœur et le Secours populaire (SPF). Selon les rapporteurs de l'Igas, cette multiplicité d'acteurs entraîne une complexité gestionnaire et, pour les appels d'offres de la FEAD, une multiplication d'intermédiaires et de traders, qui aboutit à des pertes financières énormes (de l'ordre de 20 % des budgets engagés), alors même que le FEAD a vocation à être transformé en un autre fonds, le FSE +, dont la dotation financière sera moins élevée.

Les critiques des rapporteurs ne s'arrêtent pas là. Car, pour ajouter encore un peu plus d'illisibilité à la complexité du système à la française, l'État subventionne à hauteur de 27 millions d'euros associations et épiceries sociales et solidaires sans se coordonner ni avec le FEAD – c'est-à-dire avec lui-même –, ni avec d'autres actions conduites sous d'autres appellations que l'aide alimentaire et qui y sont pourtant liées comme la stratégie interministérielle de prévention et de lutte contre la pauvreté des enfants ou le Programme national nutrition santé (PNNS). À ce budget il faut ajouter les deux cents et quelque millions d'euros que les collectivités locales dépensent chaque année dans leurs diverses actions sociales. Il ne faut pas oublier non plus l'essentiel, à savoir la défiscalisation accordée aux dons des entreprises et des particuliers, qui reste, de loin, le principal financement de l'aide alimentaire en France : 360 millions d'euros par an, environ. C'est une évaluation, car il n'existe évidemment pas de lignes budgétaires dédiées qui feraient apparaître clairement dans le budget de l'État la défiscalisation des dons alimentaires. Ce qui est certain en revanche est que cette dépense supportée par les contribuables ne peut qu'augmenter depuis que la loi Garot a imposé le don aux associations pour les invendus de la grande distribution. Jusqu'à quand, alors que l'État s'est endetté plus que jamais ?

La pauvreté, ça rapporte aux hypers

La loi Garot du 11 février 2016 a stipulé que les supermarchés de plus de 400 mètres carrés ont interdiction de jeter leurs invendus. En 2019, une ordonnance a étendu cette obligation à l'ensemble des groupes de restauration collective privés et des industriels de l'agroalimentaire à la date du 22 octobre 2020. Cela dit, l'amende en cas d'infraction n'est pas là pour faire peur : son montant maximal est de 3 750 euros. Pour tout le monde, donc, supermarchés, hypermarchés, industriels servant plus de 3 000 repas par jour en restauration collective, ou réalisant plus de 50 millions d'euros de chiffre d'affaires annuel en ce qui concerne les fabricants de produits alimentaires, la loi oblige ou bien à transformer les invendus en produits utilisables d'une façon ou d'une autre, ou bien à proposer une convention de don de denrées alimentaires aux associations habilitées. Voilà qui est très bien, car cela consolide l'un des principaux canaux d'approvisionnement de l'aide alimentaire – pour un quart du volume qu'elle prend en charge.

Mais cela renforce également un effet pervers comparable à celui décrit dans le secteur du tri des déchets : pour que ça marche, il faut qu'il y ait des refus, des invendus, des déchets potentiels. Un cercle vicieux qui profite avant tout à la grande distribution et aux industriels pour qui la loi Garot est loin d'avoir été une malédiction. Car non seulement elle leur permet de ne plus payer pour la destruction de leurs invendus, en plus elle leur assure une solide remise fiscale. Un don vaut déduction d'impôt à hauteur de 60 % de son montant. Autrement dit, la générosité imposée par la loi est aux deux tiers une dépense publique, financée par le contribuable. Prenons un exemple. Une palette de 1 tonne de jambon sous emballage d'une valeur de 10 000 euros. La collecte et le traitement de cette marchandise reviendraient à l'hyper entre 120 et 150 euros. Alors que s'il donne le tout à une association, non seulement l'hyper n'a pas à payer cette somme, en plus il récupère sur ses impôts 60 % de la valeur de la marchandise, soit 6 000 euros. Cela dit, soyons justes, les hypermarchés ne jetaient pas tout avant. Car ils prenaient soin de renvoyer à leurs fournisseurs toute marchandise leur semblant impropre à la consommation, c'est-à-dire arrivée avec cinq minutes de retard, livrée dans des caisses non conformes, cabossée, mal calibrée, mal emballée, les raisons de refus seraient toutes plus drôles les unes que les autres si elles n'entraînaient autant de conséquences économiques pour les agriculteurs et transformateurs. Ce retour à l'envoyeur est en réalité une façon pratique pour les grandes et moyennes surfaces de transférer à leurs fournisseurs le coût d'élimination de ces produits qui ne peuvent plus dans la plupart des cas être vendus à d'autres acteurs, car ils ont déjà été vendus... à la grande distribution.

En définitive, la générosité des hypermarchés imposée par la loi Garot leur fait gagner de l'argent.

Mais elle coûte aux associations qui font la ramasse. Car la logistique alimentaire a un coût, que beaucoup de structures bénévoles ne peuvent se permettre. Raison pour laquelle il peut arriver que des hypermarchés continuent de jeter car ils n'ont pas trouvé de structures capables d'absorber les dons qu'ils avaient pourtant envie de faire.

Des start-up pour épauler la loi Garot

Heureusement, des start-up sont apparues pour ne plus laisser les directions des grandes surfaces dans cet insupportable dilemme moral. Ces entreprises répondent à une question simple : comment piloter au mieux les invendus des grands magasins ? Il s'agit de trouver les meilleures parties prenantes. Celles-ci sont innombrables, mais la plupart sont toutes petites, elles n'ont pas souvent les finances leur permettant d'évacuer rapidement les volumes en jeu qui nécessitent des moyens de transport volumineux, utilisés fréquemment, respectant la chaîne du froid. Heureusement, le numérique est là.

Il y a par exemple Phénix (30 millions de "repas sauvés", selon l'entreprise qui a *a priori* atteint en 2019 un chiffre d'affaires de 15 millions d'euros), Too Good to Go (qui récupère les invendus des restos et des artisans, 9 millions de chiffre d'affaires en 2018) et Comerso. Que font ces entreprises ? Un hypermarché ou une boulangerie leur communique la liste des produits qui ne seront bientôt plus commercialisables. Leurs complexes et coûteux algorithmes cherchent parmi les centaines d'associations celles dont les besoins correspondent. C'est de la mise en relation presque directe, du circuit court par le biais d'Internet. Au passage, ces jeunes entreprises facturent une commission sur l'économie réalisée pour l'hypermarché ou la boulangerie.

"Nous, ça a démarré dans un covoiturage, avec Pierre-Yves Pasquier qui travaillait chez Danone, moi je bossais à la BPI [Banque publique d'investissement], et on s'est demandé pourquoi des produits finissaient à la benne", nous raconte Rémi Gilbert, cofondateur et directeur de Comerso. "Bien souvent on a des associations situées loin des magasins, pas forcément ouvertes tous les jours, ni entre l'hiver et l'été. Alors, on leur met à disposition des outils, des bacs, des assistants personnels numériques pour tracer la marchandise, parfois aussi des camions, parfois même on paie un transport professionnel, bref, on s'adapte. On veut imbriquer le monde associatif avec la grande distribution et les industriels." Comerso s'occupe aussi de chaussures et d'électroménager. Il travaille également en amont : "*Via* la loi Garot, les pratiques ont beaucoup changé ces dernières années en grande distribution : aujourd'hui nos clients souhaitent augmenter le suivi, la fréquence et le pilotage des ventes promotionnelles pour liquider leurs stocks, et les coupler avec le don : nos algorithmes nous permettent de définir une quantité de produits à mettre en promotion en fonction des stocks, des dates de péremption, etc." Une approche dynamique des invendus afin que le magasin ne se retrouve pas surpris d'avoir des palettes invendables à évacuer. Un pilotage très fin des produits afin qu'aucun, en définitive, ne soit pas valorisé.

On peut y voir du cynisme – un produit doit rapporter coûte que coûte – ou du pragmatisme – de toute façon il y aura toujours des invendus, autant que cela profite à tout le monde. "On fait faire des économies aux magasins en leur permettant de réduire leurs achats de certains produits qui risquent d'être invendus, et des économies sur la mise à la benne, et puis ces magasins s'impliquent ainsi dans une relation sociale et de proximité." Comerso se rémunère sur l'économie globale générée, calculée selon un pourcentage de la valeur collectée et redistribuée. L'entreprise met également en relation des industriels et des déstockeurs alimentaires afin de trouver une solution pour les produits à défauts et ceux qui ont fait des bides en magasin. Elle pense avoir "économisé" 20 millions de repas, et dégagé un chiffre d'affaires de 5 millions d'euros en 2019.

Une aide à l'obésité

Comerso est une entreprise qui comble un besoin. Aux frais, d'une certaine façon, du contribuable qui finance la défiscalisation des dons. D'après une étude de l'Ademe à laquelle l'entreprise a participé, sur une dizaine de magasins cobayes évalués durant un trimestre, la réduction du volume d'aliments jetés est de l'ordre de 22 %. Un beau chiffre, qui ne doit pas masquer une double réalité. Tout d'abord, les dons faits par les hyper- et supermarchés ne représentent, on l'a dit, qu'un petit quart des aliments distribués en France, tandis que la grande distribution ne génère que 14 % du volume des déchets alimentaires en France. Ensuite, la qualité n'est toujours pas là, d'après la plupart des acteurs caritatifs et les rapporteurs de l'Igas. Selon la loi Garot, et à la demande des associations, les grandes surfaces doivent trier leurs invendus, et ne proposer que des produits dont la date limite de consommation se termine au moins deux jours après la date du don. Manifestement, cette obligation n'est pas respectée car, d'après de nombreux interlocuteurs, environ 20 % du volume ramassé dans les grandes et moyennes surfaces sont bons à jeter.

En fait, la logique des hypermarchés n'a pas changé : avant, ils renvoyaient à leurs fournisseurs qui jetaient à leur place, ou bien ils jetaient dans leurs propres bennes sous une grande aspersion d'eau de Javel – on ne sait jamais, un clochard aurait pu y trouver de quoi se remplir le ventre. Depuis la loi Garot, ils continuent à faire jeter par d'autres, cette fois-ci avec l'aide d'une réduction d'impôts.

Ajoutons à cela l'imprévisibilité inhérente aux dons, que des entreprises comme Comerso peuvent réduire, et nous obtenons une aide alimentaire de mauvaise qualité nutritionnelle. D'autant que, selon les rapporteurs, "même s'agissant des produits du FEAD, si l'équilibre entre grandes catégories de nutriments est satisfaisant, les protéines animales sont surreprésentées, de même que les acides gras et les sucres libres." À l'inverse, vitamines et minéraux, fibres et sucres lents sont en quantité insuffisante. Le FEAD, c'est bon pour l'obésité, le diabète et le syndrome métabolique.

Pour corriger le tir, un énième pacte contre le gaspillage alimentaire a été signé en janvier 2020 par Leclerc, Cora, Monoprix, Carrefour, Intermarché, les marques Bel, Danone, Les 2 Vaches et Michel et Augustin, les associations France Nature Environnement (FNE) et Familles rurales. Peut-être fera-t-il mieux que le premier signé en juin 2013, qui s'était déjà promis de diviser par deux le gaspillage alimentaire d'ici 2025 ? On en est encore loin.

Le gaspi, c'est d'abord… nous

L'essentiel n'est pas là : sur les 10 millions de tonnes environ de denrées alimentaires gaspillées chaque année en France – soit un tiers de ce que nous achetons pour manger –, un tiers vient de nous autres consommateurs, c'est-à-dire de notre façon de consommer ! Un autre tiers est issu des producteurs eux-mêmes, des agriculteurs, et un cinquième des artisans et industriels de la transformation. Or, les premiers produits à être jetés ne sont pas les yaourts, mais les fruits et légumes : une bonne part du gaspillage alimentaire provient ainsi à la fois de l'apparence et du calibrage des produits, qui peuvent les faire rejeter par les acheteurs, et de leur fragilité intrinsèque, qui les fait s'abîmer plus ou moins vite, sans parler des éventuelles surproductions saisonnières qui fabriquent des invendus. Le comportement de la grande distribution est globalement écœurant, mais il est loin d'expliquer l'ampleur du gaspillage alimentaire à la française. Lequel coûte cher : 16 milliards d'euros… par an. En valeur, on retrouve encore notre consommation comme première cause, et de loin, avec 45 %. Un chiffre qui dit mal d'immenses disparités : d'après l'Ademe, dans un rapport publié en 2016, l'essentiel du gaspillage lié à notre consommation se produit dans les cantines et restaurants, où par repas et par personne l'on jette quatre fois plus qu'à la maison. Un rapport qui baisse dès lors que l'on remplit moins les assiettes, ou, mieux, que l'on emplit des assiettes au diamètre réduit : l'expérience, tentée dans beaucoup de cantines scolaires, a été concluante. Le cerveau se prépare à la satiété quand il reçoit des yeux l'information que l'estomac va bientôt être plein parce que l'assiette l'est déjà.

Nourrir pour éviter le gaspillage

Voilà pour les mots. Allons voir ce qu'il y a derrière, quelque part du côté de Lyon. Visiter l'aide alimentaire à la française n'a pas été simple. Les refus de parler ont été nombreux, car il y a quelque honte à être partie prenante d'un système aussi indispensable qu'ambigu. Et puis tous ces lieux où elle se réalise sont cachés dans des coins discrets de la France périphérique. Voilà pourquoi nous errions un jour dans la zone industrielle de Décines qui hésite entre son grand stade et dépendances, hangars et parcelles agricoles grignotées par l'étalement urbain. Notre chauffeur Uber est aussi perplexe que nous, nos GPS bredouillent entre toutes ces rues qui sont un nom sur la carte mais ne ressemblent pas à des rues. Et puis enfin, c'est là, parking goudronné, grand hangar, bâtiment de bureaux, ça pourrait être n'importe quelle petite entreprise, c'est la Banque alimentaire du Rhône. Nous sommes reçus par son président, il a une heure pétante, il enchaîne ensuite avec un autre rendez-vous, il est ferme, précis, efficace, il gère une grosse machine.

La Banque alimentaire, dont on parle au singulier, est une fédération de banques alimentaires locales, chacune étant une association autonome ayant pour but de lutter contre le gaspillage alimentaire et de nourrir les plus démunis ; ce sont les statuts, le président nous l'exprime exactement de cette façon. Le mouvement est né en 1984, quand apparurent les "nouveaux pauvres" dont on parlait alors avec perplexité, qui étaient les premiers symptômes de la fin de l'enrichissement général – trente ans quand même. La pauvreté revenait, et elle a bien progressé depuis. Le principe des banques alimentaires est de récupérer les invendus de la grande distribution ou de l'industrie, tous les produits bientôt à péremption que les usines et hypermarchés détruisaient, pour les donner aux associations caritatives qui assurent leur distribution aux plus démunis, à charge pour ces associations de savoir à qui et sous quelle forme, repas, colis ou maraudes. Un produit à 3-4 jours de la date limite est considéré comme périmé par la grande distribution, et chez les producteurs, c'est 10 jours : le délai est trop court pour l'acheminer et le vendre, alors ils s'en débarrassent.

Les banques alimentaires n'achètent rien, et ne donnent rien directement, elles sont des intermédiaires. Le principe des Restos du cœur, nés presque au même moment (mêmes causes, mêmes effets), est assez différent : ils récupèrent des dons, achètent, distribuent eux-mêmes, et pas uniquement de la nourriture.

La perversité du don

La Banque alimentaire du Rhône rassemble ainsi environ 5 000 tonnes de produits alimentaires par an, plusieurs tonnes par jour récupérées en une quarantaine d'enlèvements assurés par une flottille de camions, six de 3,5 tonnes et un de 26 tonnes, qui reviennent tout stocker dans l'entrepôt, où les associations viendront chercher ce dont elles ont besoin, et aussi ce à quoi elles ont droit, quota calculé en fonction du nombre de leurs bénéficiaires, un repas pour une personne étant estimé à 500 grammes de produits, quels qu'ils soient. Certaines associations, qui distribuent à plusieurs centaines de familles, viennent en chercher chaque jour 1 tonne.

Pour faire tourner cette grande machine logistique, neuf salariés et une quarantaine de bénévoles, une partie étant financée par une contribution de solidarité versée par l'association bénéficiaire,

0,15 euro le kilo quel que soit le produit emporté (ce qui finit par faire une somme de l'ordre de 600 000 euros), et le reste, pour atteindre le million d'euros du budget annuel, étant versé par les pouvoirs publics (mairies, préfecture, département) ou des entreprises mécènes, qui participent le plus souvent sous forme d'investissements en matériel. Pour ce qui est des dons de produits alimentaires par la grande distribution ou l'industrie, ils sont défiscalisés.

"Il n'y aurait pas un effet pervers ? Produire plus, et trop, puisqu'on peut défiscaliser l'excès ?

— Nooon... (Le ton est rassurant, on nous explique.) Ils perdent quand même de l'argent. Mais quand il y a eu débat à l'Assemblée nationale pour plafonner la défiscalisation, parce que certains trouvaient que défiscaliser quelque chose qui n'a plus de valeur commerciale, c'est discutable, l'opposition a été nette, la grande distribution menaçant d'arrêter les dons et de se tourner vers les soldeurs."

Chaque année, en décembre, a lieu la collecte aux caisses des hypermarchés par des bénévoles en gilets orange. Le résultat n'est pas énorme, de l'ordre de 300 tonnes, mais c'est essentiel pour la visibilité des banques alimentaires, la précarité est par principe peu visible, il faut régulièrement rappeler son existence. Souvent, ce qui est donné, ce sont les marques de distribution de chaque enseigne, les magasins en commandent un peu plus pour l'occasion, les placent en tête de gondole.

Là non plus, il n'y aurait pas un effet pervers ? Faire des marges sur des produits destinés aux dons ?

"Sur un paquet de farine à 40 centimes, il ne doit pas y avoir une grosse marge... Et accuser les grandes surfaces de faire de la marge sur le caritatif, c'est un peu déplacé..."

Nous n'insistons pas.

Et puis il y a les dotations européennes. Jacques Delors en son temps, toujours à la même époque, avait poussé à la création d'un programme d'aide aux plus démunis, en puisant dans les stocks européens issus de la politique agricole. Le système a un peu changé, un gros fonds de plusieurs milliards d'euros permet de donner à diverses associations caritatives des produits alimentaires de base (sucre, lait, farine, huile), mais aussi des produits transformés (plats cuisinés, confiture, viandes préparées) élaborés après appel d'offres. La Banque alimentaire du Rhône reçoit chaque année un millier de tonnes de cette dotation européenne.

On distribue ce qu'on a

Voilà, les chiffres sont donnés. C'est bien une grosse machine.

Nous visitons l'entrepôt, il y a là des centaines de palettes sur des étagères métalliques, une zone réfrigérée pour les produits sensibles, des bacs pour le frais, d'autres pour le surgelé, il y a de tout, des produits de base, des fruits et légumes, des plats cuisinés, des yaourts, des chocolats. De petites barquettes de plastique noir avec dedans saucisse-purée : c'est une entreprise qui fait des déjeuners, distribués dans les bureaux. Des calendriers de l'avent périmés puisque nous sommes en mai, mais pas du point de vue des chocolats qu'ils contiennent. Des palettes blistées de sodas de marques connues en bouteilles de 1,5 litre. De gros sacs de lamelles de kebab surgelées, dont nous ignorions que cela existait, mais "il y a tout en surgelé", dit le président, blasé. Nous voyons les bénévoles en gilets orange.

"Vous êtes de la télé ?

— Non, ils font un livre.

— Ah, bravo !

— Ah mais pas de quoi... Bravo à vous."

Nous ne savons pas trop quoi dire, mais c'est chaleureux.

Nous voyons les camions, constellés des logos des entreprises donatrices, CNR (c'est leur RSE), OL (ils donnent la sandwicherie invendue les lendemains de match), Caisse d'épargne, Seb, Mercedes, APICIL, Carrefour. Nous voyons des palettes préparées avec une grosse étiquette au nom d'une association.

“Certaines viennent chaque jour. Elles commandent et on leur prépare, ou bien un représentant de l’association vient dans l’entrepôt, et avec un bénévole il fait son choix, en fonction du nombre de bénéficiaires. Nous tenons des statistiques précises, les quotas de répartitions sont mis à jour tous les trimestres.

— Vous avez observé une augmentation du nombre de bénéficiaires ?

— Depuis des années, l’augmentation est de 4 à 5 % par an. On voit arriver des travailleurs pauvres, des veuves, des retraités, des familles monoparentales, des étudiants, toute une population que l’on ne voyait pas avant. Il y a quinze ans, les gens avec le Smic, on ne les voyait pas, et maintenant, avec l’augmentation des frais fixes, essentiellement le logement, ils sont là, envoyés par les travailleurs sociaux.

— Est-ce que vous refusez des produits parce que vous estimez qu’ils sont de mauvaise qualité ?

— Ça ne nous est jamais arrivé... Ce qui arrive dans la Banque alimentaire est globalement de bonne qualité, puisque c’est issu de la grande distribution. Après, on peut limiter les produits sucrés, les gâteaux, les chips, on ne veut pas trop en distribuer.

— Les associations peuvent choisir ?

— Pas les produits européens, ce sont des dotations fixes. Le reste, ils peuvent choisir ; mais les gens demandent...

— Vous avez des demandes pour le local, le bio ?

— Les banques alimentaires ont de plus en plus de contrats avec des producteurs locaux. Mais quand on nous demande du bio, nous répondons que nous donnons ce qu’on nous donne, nous ne sommes pas un supermarché. Mais que l’on fasse du local, je trouve ça très bien.

— Le fait que l’on vous demande du bio, ça a l’air de vous gêner...

— Oui, parce que c’est cher, et qu’on n’arrive pas à en avoir. On commence à voir apparaître des épiceries sociales, qui même si elles sont épiceries sociales veulent faire du bio, qui peuvent nous dire : « Si c’est pas bio je n’en veux pas... » Ce qui est bizarre...

— Bizarre ?

— Si on a faim, on mange le yaourt, quelle que soit sa marque, son origine ou sa couleur. Bon, attention, ce n'est pas parce qu'on est pauvre qu'on ne doit pas manger bio, ce n'est pas ce que je dis… mais le bio c'est compliqué…"

L'impasse pour la qualité alimentaire

Le président poursuit. "Mais nous essayons quand même d'améliorer la qualité nutritionnelle de ce qui est donné aux bénéficiaires. Nous étions à 10 % de fruits et légumes, nous sommes à presque 20 %, nous visons 25. Nous avons recruté une nutritionniste pour organiser des ateliers cuisine. Il y a en France 5 millions de pauvres, 8 à 9 % de la population qui vit dans la précarité, et du fait de cette précarité, la malbouffe est très présente."

C'est vraiment le moment d'aller voir la nutritionniste. Elle nous reçoit dans son bureau, c'est une jeune femme qui a fini son BTS il y a trois ans, qu'elle a complété de deux licences, dont une de sociologie et anthropologie de l'alimentation. Elle accompagne la mise en place d'ateliers de transformation des fruits et légumes pour lutter contre le gaspillage. Ces ateliers permettent de valoriser des légumes que la Banque alimentaire a du mal à écouler, parce qu'ils sont difficiles à cuisiner ou bien souffrent d'une réputation de tristes légumes de cantine, choux-fleurs, endives, artichauts, qui parfois arrivent en grande quantité quand le ministère de l'Agriculture organise des dons massifs pour répondre à la surproduction et éviter un effondrement des cours ; alors plutôt que de les donner crus, et qu'ils soient le plus souvent jetés, on les donne en barquettes cuisinées. Ou bien des fruits, qui arrivent massivement en saison, ne laissant pas le temps de les écouler puisqu'ils sont très mûrs, qui sont transformés en confitures.

"Et quel est le regard de la diététicienne sur la qualité des produits ? Y a-t-il des différences entre les produits FEAD et le reste ?

— Un peu…”

Mais elle embraye aussitôt sur la deuxième partie de son activité : les ateliers. Elle en propose à toutes les associations, certaines sont équipées, d’autres non, elle vient alors avec son petit matériel, plaque de cuisson, petit four, casseroles. On discute autour d’un café, ensuite on cuisine, et puis on mange tous ensemble. Les recettes ? En fonction de ce qu’il y a à la Banque alimentaire le matin même. Elle essaie de faire passer quelques idées simples, mais qui ne sont pas toujours spontanées : “Même avec l’aide alimentaire on peut manger correctement. Petit budget ne rime pas avec régime déséquilibré. Ce n’est pas parce qu’on mange déséquilibré que c’est mauvais, ou triste. Ce n’est pas parce que c’est végétarien que ce n’est pas un vrai repas.”

Mais, note-t-elle, quand on arrive quelque part, on s’accroche beaucoup à ses habitudes alimentaires, qu’il est difficile de faire évoluer. Des exemples ? Pour les Roumains ou les Albanais, un repas sans viande est inimaginable, quitte à consommer de la viande de très basse qualité. On peut montrer que les œufs suffisent, ou que les légumes secs sont un très bon apport protéique. Et puis de façon générale, on retrouve partout la faible consommation d’eau, remplacée par des sodas, l’importance des produits ultratransformés, très salés, la méfiance vis-à-vis des conserves et des surgelés, alors que les légumes présentés de cette façon sont de meilleure qualité nutritionnelle que du frais en bout de chaîne.

“Des produits qui contiennent de la charcuterie, on arrive très difficilement à les écouler, alors qu’on pourrait se dire que des gens qui meurent de faim pourraient peut-être passer par-dessus, et en fait, pas vraiment.”

Dans le ton de la nutritionniste, nous n’arrivons pas à discerner si elle nous expose un fait anthropologique avec lequel il faut compter, ou bien si elle nous raconte une anecdote édifiante dont il faut se scandaliser un peu, quand même. Et elle enchaîne sur le problème des dates de péremption auxquelles les gens précaires sont très sensibles. “Pourquoi les personnes en précarité devraient manger ce que les autres ne mangent pas ?”

C’est vrai que la notion d’aide alimentaire pose problème. Dans certaines associations, dit-elle, on se contente de refiler des colis, “Tenez, au revoir”, et la moitié est jetée parce que ça ne convient pas. Les ateliers qu’elle organise essaient d’approcher les besoins et les envies des bénéficiaires, en les poussant à manger mieux.

“Qu’est-ce que vous pensez de cette réflexion que l’on entend souvent dans le domaine de l’aide alimentaire, « Les pauvres ne savent pas cuisiner » ?

— C’est faux. Beaucoup savent cuisiner, mais ont arrêté du fait de la solitude, de la précarité, du manque d’équipement. Et puis cette accusation comme quoi ils « économisent sur l’alimentation pour acheter des marques », c’est une vision naïvement rationnelle de la pauvreté. Les marques, c’est une façon symbolique de ne pas être exclu, c’est montrer qu’on n’est pas pauvre. Pareil pour les produits alimentaires ultratransformés. Certaines associations font le choix de l’équilibre alimentaire, fruits, légumes, eau, au risque de ne pas être appréciées, et d’autres le choix de faire plaisir, sodas, chips, brioches.

— Mais si vous n’en proposiez pas, ils n’en choisiraient pas...

— Nous avons un double but : aide alimentaire et antigaspillage. Nous donnons ce qu’on nous donne...

— Mais quand vous acceptez et distribuez des palettes entières de produits gorgés de gras et de sucre, vu les taux d’obésité et le diabète chez les personnes précaires, vous savez quand même que vous empoisonnez un peu les gens...

— Mais quelle horreur de dire ça... C’est dur...

— C’est une réalité... Quelle pédagogie, alors ?

— D’abord, ne pas dire « c’est mal ». Et encourager à cuisiner des produits bruts.

— Mais ce n’est pas ce qui leur arrive...

— Nous dépendons de ce qu'on nous donne, et de ce que demandent les associations. Nous ne sommes pas là pour imposer des choix. Mais nous testons les produits, nous faisons régulièrement des dégustations/notations des produits FEAD.

— Alors ?

— Les produits bruts, farine, sucre, huile, sont très bien. Mais les produits transformés ne sont pas terribles : gélatineux, pas de texture, pas de goût. À vrai dire, assez mauvais. Les confitures sont médiocres, les steaks hachés médiocres..."

À la relecture, la mention des steaks hachés fait sourire : quelques semaines après la rencontre éclatait le scandale des faux steaks hachés sans viande dont nous avons déjà parlé... On peut en effet les imaginer médiocres. Ce qui est frappant, c'est que ce sont les associations qui ont découvert la supercherie, en remarquant l'aspect inhabituel de ces petites palettes glacées vendues comme viande, qui contenaient des inclusions de glace d'eau, alors que la viande n'en contient pas... Ça veut dire que le faux a passé tous les contrôles, de la production à la distribution, et il a fallu que ce soit les derniers distributeurs qui s'en aperçoivent, un peu par hasard. À moins qu'il n'y ait aucun contrôle... Et la qualification du délit sera une simple tromperie sur la marchandise, puisque le nom sur la boîte ne correspondait pas à ce que c'était... le fait d'avoir sciemment produit et distribué de la fausse nourriture à destination des pauvres ne tombant pas sous le coup de la loi, ce qui symboliquement, et moralement peut-être, est assez édifiant.

"Vous travaillez sur la santé, la nutrition, et il n'y a aucune question sur la nature des produits... Ce n'est pas possible que les banques alimentaires disent à l'industrie et à la grande distribution « On ne veut plus ça, arrêtez de produire ça » ?

— Les produits européens, on ne peut pas les refuser. Et puis, les banques alimentaires n'ont aucun poids face à l'industrie. En hiver, nous recevons des tas de tomates invendues... Certaines assos en prennent, elles se disent que ça va faire plaisir, mais l'essentiel nous reste sur les bras, et à la fin c'est nous qui les jetons.

— On ne peut rien faire, alors ?

— Difficile… mais nous nourrissons les gens… et nous limitons le gaspillage…

4

TOUT FAIRE SOI-MÊME

Poches vides et colis mauvais, la solution pour bien manger lorsqu'on n'a pas le sou serait peut-être de tout faire soi-même. Après tout, avec un bout de jardin, les magazines disent que l'on peut faire pousser n'importe quoi et que c'est tellement simple et joyeux de faire des conserves soi-même. Il suffit de s'y mettre, faire des efforts, d'ailleurs tout le monde l'a fait durant le premier confinement : toute personne normalement constituée possédant ou ayant eu la jouissance de quelques ares de terre s'est mise au maraîchage familial. Preuve en est, les rayons "jardin" des supermarchés ont été dévalisés très vite, notamment en plants de courgettes et de tomates. L'après-confinement a été un peu différent.

Le fantasme du potager

Facilité par l'entre-soi imposé qui nous a obligés à trouver de quoi nous occuper, le "retour à la terre" vers une autonomie alimentaire est un leitmotiv depuis des années. La sobriété heureuse, la frugalité nécessaire à la transition écologique implique de consommer beaucoup moins, c'est-à-dire de consommer ce que l'on a à proximité. Les villes doivent s'entourer de bandes maraîchères afin de s'alimenter en produits de haute qualité, les gens doivent cultiver leur bout de jardin, en permaculture, évidemment. Le tout est d'acheter et de se déplacer le moins possible. Ainsi vivra-t-on mieux, car on ne sera plus dépendant des importations, des longs circuits d'approvisionnement désincarnés et coûteux, des abominables hypermarchés qui ne satisfont personne, et l'on fera des économies. Ainsi choisie, la sobriété sera plus belle que la sobriété imposée par la pauvreté.

Alors, faisons notre potager. Sur le balcon (le potacon), sur la terrasse (le potasse), dans la cour (le potacour), dans le jardin. C'est facile, car il suffit de planter des graines ou des plants dans la terre. Un peu d'engrais, un peu de temps, et voilà une belle récolte, et ensuite de jolis plats à faire en famille et des conserves dans des pots en verre qu'on empile dans la cave. Un fantasme que d'aucuns ont su réaliser durant le confinement, pour le plus grand bonheur de leur physiologie et de leur budget.

C'est vraiment à se demander pourquoi 9 millions de personnes ont en France du mal à manger correctement. Que ne font-ils d'efforts pour biner les carottes ? Alors même que les municipalités mettent à disposition du foncier pour servir de potagers. Quand on vous dit que ces gens-là méritent un peu leur sort... Ils ne traversent pas la rue pour trouver du boulot, ils mangent n'importe quoi alors qu'on leur dit ce qu'ils devraient acheter, ils n'ont même pas le courage de bêcher leur jardin. Le potager est devenu tendance, comme tout ce qui était populaire il y a une génération. La bourgeoisie intellectuelle qui prétend faire l'opinion et donne des leçons de vie aux gens ordinaires sait recycler ce qu'elle abhorrait avant. Ainsi, le jardin ouvrier, le potager, a-t-il été transformé en jardin familial, porteur de vertus inimaginables. Faire son jardin, ça faisait plouc, maintenant ça fait moderne, d'autant que la crise sanitaire a réactivé le fantasme vieux comme le monde de l'autonomie, dans une société que les faiseurs d'opinion aiment à décrire en juxtaposition de communautés. Face à l'adversité, ne compte que sur toi et sur les autres qui font comme toi.

Cultiver ses jardins

Dans la vie réelle, cultiver son jardin est-il d'un bon rapport alimentaire ? Fin 2018, le Conseil départemental de la Seine-Saint-Denis avait organisé une journée technique sur la compatibilité de la nature sauvage avec la ville dense. Alors postdoctorante au Muséum national d'histoire naturelle de Paris (MNHN), Ana Cristina Torres était venue exposer le travail qui avait fait l'objet de sa thèse de doctorat, qu'elle avait consacré aux usagers des jardins partagés. Première observation, lorsqu'on se met à faire un potager, ce n'est pas pour se nourrir : “Ce qui est frappant, c’est que les gens font du jardin pas forcément pour la nature en tant qu’entité, mais pour répondre à un besoin social : la recherche d’une qualité de vie, de relations sociales au sein d’un quartier.” C’est ensuite que vient la nature, et bien après… l’alimentation. Faire pousser des légumes, expliqua Mme Torres, c’est aussi “l’envie d’être en lien avec la nature, d’apprendre les cycles de la nature, et d’apprendre aux enfants”. Un lien qui se fait par les sens, selon elle et beaucoup de travailleurs sociaux : tous reconnaissent la vertu apaisante du travail au grand air, de l’effort et de ses fruits. Les légumes qu’on a plantés, qui poussent, donnent, se donnent et sont donnés réjouissent l’âme et le corps. Le légume est cela dit un objet dérivatif comme un autre, car les psys démontrent que ce qui fait du bien est que l’on s’oblige à faire quelque chose. Que l’on butte des pommes de terre ou façonne une poterie, on fait quelque chose de productif qui permet de dériver l’anxiété, laquelle a toujours besoin d’un objet pour être évacuée ; d’ordinaire c’est le jeu, le travail, l’alcool, les séries télé, la (mal)bouffe ou encore le sexe. Travailler la terre en est un autre. Quand on se sent mal, l’action de faire est thérapeutique, elle donne un puissant sentiment d’utilité.

Les gens qui ont leurs légumes le font avant tout pour les mêmes raisons qu’ils s’inscrivent à un club sportif : parce qu’ils sont grégaires. Un club qui plus est pas cher, le potager. Ensuite les jardiniers y vont parce qu’ils sont dehors, à l’air et, par-dessus le marché, on peut rapporter des légumes à la maison. Un apport secondaire qui peut s’avérer déterminant lorsqu’on a des finances difficiles.

Les solidarités des potagers

Exemple à 1 000 mètres au-dessus d’Annecy, avec ce jeune moniteur de parapente qui vit dans un hameau de carte postale, et veut rester anonyme. Il a 5 000 mètres carrés autour de sa maison et, après, ce sont les Alpes. Il a vécu le premier confinement chez lui, interdit de travail, sans beaucoup d'aides, à ne rien faire, si ce n'est à cultiver. "Je ne cherchais pas l'autonomie, pas du tout ! Je valorisais." Comme tout le monde dans le village, il a fait un potager sur son terrain. "J'apprends. J'aime cela. Comme le goût des choses. J'aime les tomates, alors je mange celles que je fais pousser, ou celles du voisin, en saison. Mais je ne m'emmerde pas par contre à faire pousser des patates." Le potager doit rester un plaisir. "J'apprends, et je me débrouille pour installer mes bricoles à la bonne période, et j'espère que ça va se débrouiller tout seul." Le potager ne doit pas briser le dos. Ni coûter, raison pour laquelle Jean a couvert le sol de paillage, afin qu'il ait le moins possible à arroser. "En fait, ici tout le monde cultive beaucoup, mais personne n'est un ayatollah de l'autonomie. On fait tous pareil : le maximum, et on s'échange des fruits, des légumes et des graines." Lui qui est plutôt écolo et vit des activités de nature et fréquente beaucoup de personnes qui ont le même intérêt pour la vie n'a jamais croisé la route d'un survivaliste ou d'un autonomiste alimentaire complet. "Je suis sans doute un peu collapsologue, c'est en arrière-pensée, mais je vis avec le monde, alors j'ajuste tranquillement mes œillères." En cultivant son jardin, il développe ses compétences qui pourraient l'amener, demain, à l'autonomie. "Ce qui ne veut pas dire vivre chacun de son côté, mais autonomes, tous ensemble."

Durant ce confinement, les gens du coin, pas riches, pas pauvres, qui ont craint de tomber, un peu comme tout le monde, ont resserré leurs solidarités. Dans ce village et autour, les producteurs de lait, de viande et de fromage avaient eu du mal à écouler leurs produits. Pour les aider, une jeune retraitée a mis en place une commande groupée sur le Net. Les producteurs lui ont livré leurs produits, les "clients" passaient chez elle prendre leurs achats. Solidarité spontanée, ainsi que l'a constaté Yuna Chiffoleau dans ses études conduites sur nos comportements alimentaires pendant le confinement. Les collapsologues qui avaient pronostiqué la guerre civile sont bien embêtés : les Français se sont montrés plus malins qu'eux. "Si jamais ça recommence, avait philosophé le moniteur de parapente, avant la seconde vague, on a de quoi affronter, ici. Il y a des terrains, des potagers, des ruches, des vergers, des agriculteurs, des éleveurs, des chasseurs. Il y a des ressources, dans le village !" Des ressources tirées de la nature, sans qu'on l'ait trop forcée. Des ressources avant tout humaines. Une vie autarcique ? Non, une vie plus authentique que tentent des pauvres aux deux extrémités de la France. Travailler la terre pour avoir la main sur sa vie.

Du temps, de la technique, des bras

Son de cloche légèrement différent du côté de Clermont-Ferrand. Jardinier-formateur dans le Puy-de-Dôme, référence dans son domaine, Yves Benoît voit passer plein de gens qui veulent retourner à la terre. "Surtout des urbains, des néoruraux, qui viennent avec d'autres exigences que celles de leurs pères et mères : la première chose, c'est contrecarrer la malbouffe, et plus encore, quand les gens deviennent parents, ils ont la conscience qui s'éveille. Et puis, me semble-t-il, il y a un besoin de réenchantement qui passe par ce contact avec la terre." Lequel n'empêchera pas d'aller faire ses courses : pour une famille, en y consacrant une demi-heure par jour, plus les conserves à faire pour tenir l'hiver, un lopin de 100 à 300 mètres carrés peut suffire. Pour les légumes. Moins si vous vous mettez à faire de la permaculture, la nouvelle passion des écolos. Faire son jardin est un puissant déstressant, mais cela demande du temps.

Mais justement ! La permaculture est idéale, car elle consiste à laisser faire. Tout le monde peut donc la pratiquer sur un tout petit bout de terre. Pourquoi s'en priver ? En apparence elle n'est rien que du bon sens, en conséquence elle est accessible à tous. Il suffit de cultiver avec le soleil, dont on fait profiter au maximum les plantes ; à partir d'un sol juste griffé pour ne pas perdre sa matière organique, enrichi avec du compost ou du fumier, couvert d'un paillage afin qu'il garde toute son eau. En plus de ne réclamer que du temps, la permaculture ne nécessite donc même pas de grands coups de bêche. Pour des résultats qui s'approchent de la manne divine : ce n'est pas une cerise qui est sur le gâteau, mais un verger. Car si l'on part d'une très petite surface, on la démultiplie dans le volume en cultivant sur des levées de terres. À surface au sol égale on a donc une surface cultivable beaucoup plus importante, en courbe, avec plus de "niches écologiques" pour les plantes. Ce n'est pas fini, car la butte a l'avantage de permettre la culture étagée, chaque plante profitant de l'autre, l'une sur l'autre, l'une des autres, toutes profitant à parts égales du même soleil. Yves Benoît, qui connaît bien, et pratique largement, insiste sur un autre aspect : la permaculture, c'est... la permanence de la culture. Le sol est couvert, ou à l'ombre, en permanence. Il s'agit donc de planter tout le temps, aussitôt après avoir récolté. C'est une culture de succession, et d'anticipation car il faut prévoir ce que l'on va planter dans deux mois, dans un an. Cela demande quelques connaissances, mais surtout "des bras". Zut. Faire son jardin, c'est réjouissant, c'est aussi fatigant, ce qui d'ailleurs contribue au bien-être psychique. Le légume n'est pas le but, il est une récompense.

La fierté de faire soi-même

Yves Benoît le constate chaque jour, il a une formule qui est belle : "Avant d'être des humains, on est des terriens. Le fait de travailler avec cette matière première [le sol] fait qu'existentiellement on se sent beaucoup plus à sa place. On n'est plus hors-sol, c'est un aveu de confiance en la nature." Raison pour laquelle le travail de la terre est reconnu comme un efficace moyen de réinsérer les naufragés de la vie. Ne pas perdre les pieds en les enfonçant dans le sol.

C'est ce que fait l'Association d'insertion par l'entretien du Marais poitevin qui a mis en culture des terres situées en bordure de la Sèvre niortaise, dans le hameau de Saint-Liguaire, près de Niort. Chaque année, elle s'occupe d'anciens prisonniers, d'ex-alcooliques, de personnes à la rue, de chômeurs à vie, des gens physiquement abîmés qui font tous plus âgés qu'ils ne sont. Tous et toutes disent que cela leur fait du bien de suer, "de se faire du mal", de planter et, pour finir, quand même de récolter et ramener chez soi. La fierté d'un de ces maraîchers était de porter tous les matins des caisses de légumes à l'un des clients de l'association, Pôle emploi, où auparavant il passait sa vie à attendre un boulot qui n'arrivait jamais. Faire en cultivant a aussi un autre mérite : celui de se réapproprier des techniques, afin de pouvoir à nouveau, enfin, faire soi-même pour s'ancrer dans le réel et arrêter de vivre par procuration en consommant bêtement. Le fameux *"do it yourself"*, énième avatar de l'individualisme érigé en dogme, qui, au potager comme ailleurs, peut aider à comprendre le monde en le pratiquant.

Un jardin spontané

Retour à Dunkerque. Nous sortons de l'église (voir chapitre 2), et en effet, entouré d'arbres, il y a un grand pré ensoleillé. Une quinzaine de personnes vont et viennent en tenant des outils et des arrosoirs, elles s'interpellent, creusent, remuent. Il y a des plates-bandes bien rectilignes, des cultures en caisses surélevées, des arbustes tout jeunes au milieu d'un petit cercle de terre remuée. On s'active.

"Le jardin, dit Stéphanie, c'était un projet à long terme, et puis des gens s'en sont emparés aussitôt, ils sont venus et ont tout de suite commencé. C'est fait avec rien, à partir de bonne volonté et de récupération, ils ont semé tout ce qu'ils avaient, ce qu'ils ont pu récupérer, et pour l'instant on tâtonne, on explore, on voit comment est le sol et comment l'améliorer. Mais ce qui fonctionne déjà c'est que dans le jardin tout le monde se mélange, les mains dans la terre c'est comme les mains dans la farine, c'est beau et ça crée tout de suite un lien. Des gens qui ne se connaissaient pas font des trucs ensemble.

— Vous envisagez de faire des paniers avec les légumes du jardin ?

— Oui... On a commencé il y a deux mois, mais à l'avenir ça pourrait être ça. On pourrait faire des discosoupes aussi.

— Des quoi ?

— Discosoupes... On fait une fête, on invite les voisins, et on partage une grande soupe faite avec les légumes qui poussent à dix mètres de là. Mais pour l'instant on expérimente, on écrit tout doucement l'histoire du jardin. On fait toujours de beaux dossiers bien ficelés, mais c'est une fois qu'on a le nez dedans qu'on sait si ça marche."

Le voilà devant nous, le projet : dans le soleil doux de la fin d'après-midi, contre le mur de briques de la belle bâtisse qui rayonne d'une chaude lumière d'ocre rouge, les plantules encore tendres pointent hors du sol soigneusement ratissé, pendant que les jardiniers vont et viennent sur des planches avec des râteaux et des bêches. Ce pré n'a pas été jardiné depuis longtemps, il l'est maintenant avec beaucoup de soins, il ne produira que si les soins patients se poursuivent sans interruption.

Faire pousser un écosystème alimentaire

"On a trois ans devant nous, dit Stéphanie. Nous sommes trois salariées, deux financées par une fondation locale et moi, payée par le Secours catholique pour l'expérimentation et par la Fondation de France pour l'expérimentation citoyenne. Mais tout est précaire, j'ai eu deux fois deux mois de chômage, dus à quelques ratés dans le suivi des financements... Nous voudrions aussi, pour lancer sérieusement l'épicerie, un responsable des achats, qui serait financé par la Région, et nous cherchons une solution pour faire financer un comptable… en cherchant peut-être du côté du mécénat d'entreprises, qui peuvent mettre un mi-temps à disposition d'une association. Pour un autofinancement, il faudrait des marges solides sur un gros volume de vente, ce qui est assez irréaliste.

Dans le Nord, il y a un tissu associatif très dense, mais assez peu de financements locaux, les initiatives sociales, en tout cas, sont peu soutenues. Et en plus, Coudekerque a très peu de moyens. Heureusement, l'évêché de Lille nous loue le bâtiment pour 200 euros par mois. Au départ, ils étaient assez réticents, mais le curé nous a beaucoup soutenus. Il y a quatre églises ici, bien trop pour le nombre de ceux qui y viennent, et il a insisté pour que l'une serve à des projets collectifs. L'évêché ne voyait pas la doctrine sociale de l'Église sous cette forme, mais il a finalement accepté.

Pour les trois ans qui viennent, notre but est de mobiliser des financements pour augmenter le nombre de tarifs réduits, qui sont pour l'instant contingentés, faute de moyens. Peut-être créer un fonds de dotation pour recueillir des dons privés, qui seraient défiscalisés. Il faut réinventer l'eau chaude tous les matins, être innovants tout le temps. On monte un dossier, on le présente à un financeur potentiel, et il répond : « Ouais… c'est pas mal… mais ça, on l'a déjà vu… » Ben oui, mais on ne fait pas du culturel, on fait du social-citoyen… Y a pas beaucoup d'originalité dans la pauvreté, c'est un peu toujours pareil…

Alors on innove. On voudrait que cette église et son jardin soient un « tiers lieu » de l'alimentation durable, un cadre de la transition écologique et citoyenne, tout un écosystème qui permettra à des gens très divers, qui viennent pour des raisons différentes, de se croiser, de se rencontrer et de vivre des expériences communes. Avec un lieu pareil, qui est beau, vaste, avec un grand espace de plein air autour, on peut tout tenter : repair-café, épicerie solidaire, restaurant pas cher, jardin partagé, lieu de conférences, d'ateliers, de concerts. On cherche à créer un poulailler coopératif et une filière complète compost/jardin/légumes/repas conviviaux à prix libres. Ici, ce pourrait être un lieu de test, pour toutes expériences collectives. Parce que si demain il n'y a plus de pétrole, comment se débrouiller tous ensemble sans s'écharper ?"

350 mètres carrés, 1,6 tonne

C'est ce qu'ont bien compris également les personnes rencontrées à Soumoulou. La commune prête un terrain et Jordan a une formation d'horticulteur. Il s'occupait d'un parc avant qu'un accident de la vie l'empêche de travailler. Il n'en dira pas plus, on ne demandera rien. Le Secours catholique accorde 5 000 euros pour les premiers investissements, et c'est parti. Jordan encadre, forme, organise. Il est demandé aux participants de venir deux fois deux heures par semaine, mais on peut venir en plus quand on veut, simplement la règle c'est qu'on ne cueille pas en dehors de son créneau horaire. Et c'est aussi un jardin ludique, Jordan apprend à jardiner aux gosses, une tonnelle ombragée a été installée pour que les gens viennent même s'ils ne jardinent pas, pour simplement passer un moment avec tout le monde. Le jardin n'est pas très grand, 350 mètres carrés, mais très productif : 1,6 tonne de légumes a été produite dans l'année, douze légumes d'été, sept légumes d'hiver, et chaque année deux nouveaux : courge spaghetti et topinambour pour cette année.

Trente-six familles peuvent ainsi bénéficier de paniers de légumes frais. Pour les obtenir, il faut simplement être adhérent de UNINAT. À l'inscription, chacun reçoit vingt bons, qui sont échangés contre des services rendus à la communauté ou à quelqu'un, une commission détermine ce qui peut être un service donnant droit à un bon, service qui doit être ponctuel, pour ne pas faire concurrence à des professionnels qui rendraient les mêmes. La participation au jardin et aux ateliers de la boutique solidaire donne droit à ces bons.

Mais ça coûte, un jardin, même si les jardiniers sont bénévoles, même s'il est bio de fait car on n'y utilise aucun produit, cela coûte d'autant plus que des achats sont faits auprès de producteurs locaux pour compléter les paniers, par exemple des œufs bios achetés auprès d'un producteur qui calme ses poules en leur faisant écouter Aznavour ("Ça alors ! nous exclamons-nous en chœur... « Emmenez-moi », ça les calme ?") Et tout est payé au juste prix, car pas question de participer à l'appauvrissement des petits producteurs. À la fin, le prix de revient d'un panier est de 7,20 euros.

Une subvention de 5 000 euros est accordée par la communauté de communes, parce que le projet participe à la revitalisation du territoire, contribue à remettre des gens en piste, à améliorer la santé des plus démunis, dont on sait qu'elle est fragilisée par un régime exclusif de produits de grande distribution. Mais la pérennité de cette subvention n'est pas assurée, puisque UNINAT, pourtant la seule association caritative sur un bassin de 18 000 habitants, est en concurrence avec la Banque alimentaire pour l'obtention de fonds publics. Même chose pour la grande distribution d'ailleurs, qui a des conventions avec les Restos du cœur pour donner ses invendus ("De toute façon, on ne veut pas des restes !" tonne Jordan, menaçant encore une fois la table de son gros poing). En revanche, un arrangement a été trouvé avec le rayon jardinage d'Aldi, qui donne les plantes ou semences invendues.

Permettre aux gens de s'aider eux-mêmes

L'intérêt humain d'UNINAT est incontestable, les gens viennent, l'accueil est inconditionnel. Il y a des ateliers, constitués en fonction des talents de chacun, couture, pâtisserie, atelier d'écriture, cactus. "On a besoin de se détendre, de se vider un peu, de se remonter le moral. J'ai eu besoin, ça fait plaisir de rendre. Si je n'étais pas venue au Secours catholique, je continuerais de penser que je ne sais rien faire. La phrase magique que l'on entend ici est : « On a besoin de toi. » Ici on peut parler, on peut pleurer, c'est un lieu humain. J'ai retrouvé une certaine famille de cœur."

Le découragement et la solitude sont des conséquences de la précarité, et l'aggravent encore, boutique et épicerie solidaires contribuent à en sortir. "Mais on ne pensait pas que c'était si difficile de redonner la parole à quelqu'un. Tomber dans la précarité, c'est vite fait. Mais pour remonter, il faut lutter. Quand est pauvre, aux yeux de la société il faut mériter ; il faut que tu prouves tout, bien plus que les autres."

La véritable aide, c'est de permettre aux gens de s'aider eux-mêmes.

"Nous sommes encore sous perfusion, dit Nicole. Nous devons trouver notre modèle économique pour sécuriser le dispositif. Mais on veut surtout créer de la solidarité et de l'entraide, on veut continuer d'être hors du circuit marchand et du travail, sortir de tous les circuits d'asservissement. Parce que la société que l'on nous propose est esclavagiste ; nous voulons construire quelque chose à côté. C'est une utopie, mais il faut qu'elle soit économiquement possible." Tout ceci est dit d'une voix douce et ferme.

"Ici, on crée un collectif qui s'épaule. C'est difficile d'en faire comprendre l'intérêt aux collectivités locales, il y a parfois des retours surréalistes, comme ces maires qui disent « nous, on donne pas dans le social », ou alors des services sociaux départementaux qui nous reprochent de trop bien accueillir les gens, et après ils ne reviennent plus les voir. C'est difficile de le faire comprendre aussi à certains bénévoles, qui arrivent ici pour distribuer de l'aide quelle qu'elle soit, et qui ne comprennent pas la réticence des bénéficiaires à la recevoir. Et ils sont très déçus quand ils se sont décarcassés pour organiser un arbre de Noël, ils ont fait des gâteaux, des petits cadeaux, et ils n'ont vu venir que deux personnes... Vous avez mobilisé les gens ? Vous les avez fait participer ? Avez-vous envisagé la honte que c'est de simplement recevoir ? La véritable aide, c'est de permettre aux gens de s'aider eux-mêmes."

Jordan nous raconte qu'après cet accident qui lui a fait perdre son travail, après avoir mangé ses économies et vendu tout ce qu'il pouvait vendre, il est allé chercher des colis d'aide alimentaire. Mais il restait sur le parking, mort de honte, dissimulé, et c'était sa femme qui allait chercher le contingent de produits qui leur étaient alloués. Et puis un jour elle n'a pas pu venir, et c'est lui qui a dû sortir de la voiture, traverser le parking, pousser la porte. Mais là, il a rencontré tout le monde. Il s'est dit : Ce n'est pas juste, ils me donnent et je ne fais rien. Depuis, il fait vivre le jardin.

Comment continuer ? Il faut trouver des idées. Par exemple, ouvrir le jardin à des sympathisants qui achèteraient le panier à son prix. Il y en a, mais peu nombreux. De la même façon, ouvrir l'épicerie à plus de monde. Pour l'instant, les produits de la banque alimentaire sont à destination des bénéficiaires envoyés par les travailleurs sociaux, qui paient 10 % du prix. On peut imaginer de diversifier l'offre, proposer des produits de bonne qualité qui seraient vendus à leur prix aux sympathisants. Mais il faut pour cela trouver une façon de s'approvisionner, et il faut les attirer, ces sympathisants. Ils envisagent une structure proche de celle de Vrac, un groupement d'achat qui achèterait directement aux producteurs. Mais Vrac coûte aussi, puisque les prix bas de ses produits sont dus non seulement à l'achat direct, mais aussi à l'absence de marge, et ce sont des levées de fonds auprès des fondations et des bailleurs sociaux qui permettent l'existence d'une telle structure, et ce en milieu urbain. Ici, c'est plus difficile.

Nous sommes allés au jardin, aux plates-bandes rigoureusement organisées. Il est à côté de l'église, en ce qui peut passer pour le centre-ville de cet habitat diffus. Nous rejoignons notre voiture garée près du marché aux canards, Virginie nous accompagne, elle qui n'avait pas osé prendre la parole en présence de tout le monde nous raconte ses difficultés. Elle nous dit que sa chance est d'avoir une terrasse dans son appartement. Elle cultive des salades, des poivrons, des carottes dans des jardinières. Elle les mange, elle se fournit à l'épicerie sociale, et parfois échange riz, pâtes ou gâteaux contre de la viande, que quelqu'un d'autre élève et vend en gros. Elle se débrouille, elle troque, elle pratique la culture vivrière en appartement. Les réseaux d'entraide ont pour elle une importance vitale, et ce n'est pas une image.

5

LES PIÈGES DES BONNES INTENTIONS

Faire. Que faire pour aider les gens ? Les aider à faire, à agir, comme on vient de le voir. Mais pas uniquement dans un potager. "Trouver du sens par l'action", nous confirme Sébastien Thollot, secrétaire général du Secours populaire. Il n'y a pas qu'en faisant pousser des légumes que l'on remet les mains sur le cours de sa vie. C'est bien faire quelque chose qui importe. Trouver du sens par l'action, c'est aussi ne pas rester passif dans l'aide que l'on reçoit ou que l'on donne. Les gens que nous avons rencontrés nous l'ont dit, l'aide est là non pour remplir le ventre, mais pour motiver à se sortir de l'enfermement qu'est la condition de pauvre. Elle est une lumière. Elle éclaire des chemins qu'on croyait impossibles, qui souvent conduisent à se mettre de l'autre côté de la table. Ce n'est pas un jeu de rôle, mais l'obligation de réciprocité. L'action de recevoir l'autre de façon inconditionnelle, l'action en tant que demandeur d'être un jour à accueillir les autres, non parce qu'il faut moralement offrir avec son temps une contrepartie pour l'aide qu'on a un jour reçue, mais parce que de cette façon on s'extrait de la certitude de n'être plus en mesure d'avancer : voilà une façon de faire qui pousse vers l'avant. Il n'y a pas d'obligation à rendre ce qu'on nous a offert, car la générosité peut être gratuite, sans attente, mais à ne pas rendre, on empêche la relation d'être réciproque. Elle reste alors déséquilibrée, entre celui ou celle qui réclame de l'aide et celui ou celle qui la fournit il ne peut y avoir d'égalité. La différence entre donneur et receveur perdure, même s'aggrave, il y a quelqu'un qui reste en haut et quelqu'un qui demeure en bas. La pièce est figée par ses deux rôles principaux. Sans réflexion, l'aide alimentaire n'est qu'une bonne intention sans considération pour l'autre, elle peut être vaine et toxique.

L'aide est un moyen, pas un but

Comment éviter cela ? C'est le grand souci des personnes qui œuvrent dans le caritatif. La phrase de Sébastien Thollot est une belle armature qui structure les réponses possibles : non seulement l'aide alimentaire ne peut se résumer à la seule distribution de nourriture, mais elle doit en plus se réaliser de façon équilibrée, en considérant de même façon le donneur et le receveur. "L'aide alimentaire est l'un des leviers de la solidarité, qui est une prise en compte globale de la personne. Elle est un moyen, pas une fin en soi." Se contenter de mettre des paquets de pâtes gratuits sur une table ne suffit pas à aider les gens. Ce serait même plutôt le contraire. "La première réponse, le premier contact, est vraiment symbolique", poursuit M. Thollot. Il ne faut pas le rater. "Quand quelqu'un vient, il ne doit pas se sentir non écouté. Et nous, on doit comprendre la situation, déterminer l'urgence." D'où l'importance d'un premier rendez-vous, "d'un accueil, afin de comprendre la situation, avant un second rendez-vous, plus formel, pour orienter".

Donner à l'autre est un moyen pour l'aider à s'ouvrir, pour qu'il parle de lui. Le don, comme l'argent, est un langage. Quand quelqu'un vient d'une façon ou d'une autre réclamer à manger, ce qui lui a demandé un effort considérable, car avant de se lever pour pousser la porte caritative, il a dû s'asseoir sur sa fierté après y avoir réfléchi très longtemps, ce n'est pas qu'à manger qu'il vient chercher, mais de la compréhension. Sous quelle forme cette aide lui serait le plus profitable ? Pourquoi en est-il là, aujourd'hui ? Fragile, parce que blessée dans son estime, la personne qui sollicite peut être vite déstabilisée par l'image qu'on lui renvoie. Par les mots ou le silence qu'elle aura entendus, par l'attitude qu'elle aura perçue. Si elle ressort avec le sentiment d'être décidément à part, parce qu'on ne lui aura donné qu'une boîte de petits pois, celle-ci n'aura servi à rien. L'aide est inconditionnelle mais ne peut être inconsidérée. Ainsi, avant d'aider, il s'agit de se demander dans quel but on le fait.

Identifier le vrai bénéficiaire

Car l'enfer est toujours pavé de bonnes intentions. Les psys sont nombreux à estimer que les personnes en situation professionnelle d'avoir un pouvoir sur la vie des autres devraient toutes passer par un sérieux entretien avant d'être autorisées à exercer. On se doute qu'ils prêchent pour leur paroisse. Il n'en reste pas moins que profs, juges, inspecteurs des impôts, travailleurs sociaux, bénévoles ou salariés d'associations caritatives ont tous entre leurs mains des gens dépendants, dont ils peuvent faire à un moment ou un autre, consciemment ou non, ce qu'ils veulent. Dans une relation par nature déséquilibrée, entre le prof et l'élève, l'entrepreneur et le contrôleur de l'Urssaf, le médecin et son malade, il y a un rapport de domination plus ou moins forte, en principe borné, réglementé par sa nécessité : un élève doit rester élève, tandis qu'un juge ne sera jamais l'égal du criminel ni de la victime.

Dans une structure caritative, il n'existe toutefois aucune limite institutionnelle à l'exercice de ce pouvoir sur les bénéficiaires de l'aide. La réciprocité que défend M. Thollot en est une, et une sérieuse, elle est un garde-fou contre la fixation des uns et des autres dans leur rôle prédéfini. Obligeant au rapprochement, elle évite que ne perdure une situation qui nous profite doublement, cyniquement : le pauvre est utile à la société qu'il débarrasse de ses déchets alimentaires, et de sa mauvaise conscience.

Une association d'aide aux plus démunis ou une épicerie sociale et solidaire n'est pas par essence bonne pour les autres. Tout dépend de la réponse qu'elle apporte à la question suivante : qui est le vrai bénéficiaire de l'aide ? *A priori*, c'est la personne qui vient demander, car par nature, la personne qui offre son aide est bonne, et elle n'attend rien en retour. Sauf que, outre le fait que, comme le rappelle Sébastien Thollot, "personne ne vit d'amour et d'eau fraîche dans le don, car il faut de la logistique, du stockage, de la réactivité", bref, "il y a un coût supportable du don, à évaluer" de façon objective, sans affects ; il peut aussi y avoir un calcul inconscient qui inverse le rapport. L'altruisme aux commandes peut dans les actes être faussé. Une structure caritative peut poursuivre inconsciemment un but intéressé, le sien propre. Ses promoteurs peuvent avant tout combler leurs propres besoins en utilisant les autres. Ce n'est pas plus embêtant que cela si l'objectif est juste d'obtenir du plaisir en donnant aux autres, mais cela peut aussi recouvrir des intentions bien plus ambiguës, qui conduisent le caritatif à l'opposé de son objet. Ce "faux altruisme", mécanisme de défense bien connu des psychanalystes, est une façon de réparer sa propre culpabilité (la pauvreté m'angoisse, je m'en décharge en m'y confrontant) et, dans le pire des cas, une manière d'écraser l'autre de son mépris en le maintenant dans la situation humiliante du quémandeur.

La charité sait être un peu perverse. Nous en avons d'ailleurs tous – mauvaise – conscience. Chacun a "ses" pauvres. Pourquoi je donne à tel clochard et pas à tel autre ? Pourquoi je choisis telle cause et pas une autre ? Quand je donne, je le fais pour quoi ? Quelle satisfaction j'en retire ? Il y a une autre question à se poser : Qu'est-ce qui me permet d'offrir mon aide à quelqu'un sans lui demander son avis ? Sans savoir ses attentes... Les travailleurs sociaux qui maraudent, les nuits d'hiver, pour repérer les malheureux près de geler dans la rue, leur demandent, tentent de les convaincre, ils ne les forcent jamais. Ils n'ont plus beaucoup, les sans-abri, sauf leur liberté de décider. Les personnels de santé ne peuvent pas plus faire grand-chose quand un malade en phase terminale refuse un traitement : il a déjà perdu énormément en étant assisté dans sa survie, il lui reste la dignité de ne plus vouloir vivre.

Avant de créer une structure d'aide, il s'agit donc de se poser deux questions essentielles : Pourquoi je le fais ? Et de quoi ceux que je veux aider ont-ils besoin ? Mieux vaut que les réponses soient claires car on risque, autrement, de passer à côté des gens qu'on prétend aider.

Membres d'une Cagette

Nous traversons la France sous la pluie, les nuages traînent par terre, par les vitres fouettées d'averses on ne voit rien du paysage ; et puis une éclaircie, le ciel bleu enfin visible, même en hiver un beau ciel dégagé, nous arrivons à Montpellier, autre climat. Nous sommes soudain trop habillés, nous dénouons nos écharpes et allons avenue Clemenceau, pas très loin de la gare. Le quartier est un faubourg industrieux de la fin du XIXe, fait de rues droites bordées d'immeubles hétéroclites, trois ou quatre étages, d'un calcaire clair usé par les pluies et la crasse automobile, de modestes ferronneries aux fenêtres. Le quartier a été populaire, plein d'artisans et de petits commerces, il est à mi-chemin entre la place de la Comédie et le quartier arabe historique où sont les boucheries halal et les kebabs. On le sent fatigué, en mutation, on y voit des boutiques fermées, "Local disponible" collé sur des vitrines encombrées d'affiches, des restaurants exotiques, des boutiques de téléphonie et d'informatique ; un quartier sans éclat qui se cherche, mais ses rues modestes sont agréables et la proximité du centre-ville le destine à l'embourgeoisement (gentrification ou boboïsation, selon ce qu'on pense du phénomène). Et nous voilà devant La Cagette. De loin on ne remarque rien, vitrine parmi les vitrines, c'était une supérette de proximité, un Spar en faillite qui est devenu supermarché coopératif, on le comprend dès que l'on est devant. L'enseigne, c'est un logo très graphique, "La Cagette" entouré de gros traits d'encre noire, et autour une ronde de produits divers, style illustration jeunesse, entouré de deux personnages esquissés, l'un tranquillement les mains dans les poches et l'autre, une femme semble-t-il, qui court. C'est le style inimitable de l'économie sociale et solidaire, qui s'affiche douce et accueillante.

Sur la vitrine, un fouillis de feuilles scotchées, l'annonce que c'est un supermarché coopératif, et que pour acheter il faut être membre, c'est écrit en grosses lettres mais ça se voit à peine dans l'abondance d'infos, les appels à participer, l'exposé minutieux des valeurs, une arborescence représentant la structure dans un souci de simplification assez compliquée, le tout entouré de grosses questions à la peinture bleue : Quoi ? Pourquoi ? C'est quoi ? Et parmi tout ça un avis de recherche pour un chien perdu, dont on ne sait pas s'il a été gentiment accepté dans un souci participatif, ou bien si c'est la libre expression qui se manifeste de façon spontanée. Nous sommes bien dans l'alternatif.

Supermarché, mais coopératif

Dedans, 400 mètres carrés, c'est rempli à bloc, c'est bondé, les caisses tournent un peu moins vite que dans un supermarché car les gens sourient davantage, ils bavardent, les hôtes de caisse réfléchissent avant de taper une référence, on n'est pas à l'usine. On nous accueille : Olivier, blouson et mèche en travers du front, qui fait jeune universitaire, et c'en est un ; Antonin, courte barbe sombre, regard très bleu et sourire bienveillant ; Élie, regard intense, parole rapide, un drôle de chignon sur la tête ; Charles, regard scrutateur derrière des lunettes rondes, enfoui dans une épaisse barbe noire.

Des gens circulent dans les rayons, on finit par repérer ceux qui ont un panier et qui vont lentement en regardant les produits, ce sont les clients du jour, et ceux qui vont d'un pas vif, un papier à la main ou un carton dans les bras, ce sont les employés du jour. Il faut préciser "du jour" car demain ça change, les clients seront employés et les employés clients, c'est le principe du supermarché coopératif. C'est Olivier qui est notre guide, il n'est pas de service aujourd'hui, les autres nous rejoindront quand leurs tâches seront faites, pour boire un verre, compléter les explications.

En plus d'être coopérateur, Olivier est sociologue au Cirad, il travaille sur les innovations alimentaires en milieu urbain, et La Cagette est un de ses terrains, avec Brasilia, Milan et Berlin. Il réalise une cartographie des impacts, observe ce qui fonctionne ou pas, évaluation qualitative et participative qui est la première étape avant une évaluation chiffrée qui déterminera l'effet des investissements dans ces projets. De leur côté, Élie et Antonin, fondateurs du projet, ont chacun de leur côté soutenu un master 2, l'un en sciences sociales appliquées à l'alimentation à l'université de Toulouse, l'autre en économie sociale et solidaire et action publique, à l'université de Montpellier, l'un et l'autre sur La Cagette. Dès le début, ce projet se dote d'outils réflexifs et produit de la connaissance sur le devenir réel d'une expérience d'économie sociale et solidaire.

Qu'est-ce que La Cagette ? Un supermarché coopératif qui ne vend qu'aux membres de la coopérative, où les clients sont en même temps les détenteurs du capital et aussi ceux qui assurent les tâches nécessaires en donnant de leur temps pour accomplir des services. On ne parle pas de travail mais de service, car on n'est pas dans le secteur marchand mais coopératif.

Concrètement, toute personne peut participer, en achetant dix parts de la coopérative, soit 100 euros, et donner chaque mois trois heures de son temps ; cela permet un accès illimité au supermarché, d'acheter les produits qui y sont proposés, et de participer aux comités de réflexion et à l'assemblée générale qui prend les décisions. Par ailleurs, la structure emploie six salariés, qui assurent une coordination de l'ensemble et les tâches plus spécialisées d'achat, de facturation, de comptabilité. Fin 2018, pour un lancement en 2015, le nombre de coopérateurs a dépassé les 2 000. Le chiffre d'affaires, dans le supermarché ouvert en 2017, a été de 1 million d'euros, et est prévu à 2 millions pour 2018. En peu de temps, la coopérative est socialement vivante et économiquement viable. “C’est une conquête de l’économie coopérative sur le grand capital ! dit Olivier en riant. Là, vous êtes un peu entrés comme dans un moulin, mais ça ne se passe pas comme ça, il faut s’identifier à l’entrée.” Il nous montre : un bénévole est à l’accueil, il y a un ordinateur, on y tape son numéro de coopérateur et on clique sur l’une des deux possibilités : “Je viens faire mon service” ou “Je viens faire mes courses”. “Et si quelqu’un entre par hasard pour acheter une baguette, malgré l’affichage sur la vitrine (un peu abondant, on l’a vu), et bien on lui dit « Non, ce n’est pas possible » car les statuts de la coopérative interdisent que l’on vende à d’autres qu’aux coopérateurs, on lui explique tout, et s’il veut adhérer, il est le bienvenu.”

Au hasard, nous interrogeons une femme en train de remplir son panier de pommes. “Pourquoi êtes-vous cliente ici ?” Elle nous répond méthodiquement, avec un grand sourire : “D’abord pour travailler, participer ; et puis les prix sont très avantageux par rapport aux grandes surfaces ; et… c’est très sympa de rencontrer les gens, de discuter.” Nous avons de la chance, toutes les valeurs de La Cagette sont exprimées clairement.

“À la caisse, ça brasse, ça n’arrête pas !” s’exclame l’un d’entre nous, et en effet la file est continue, elle avance lentement, la caissière de l’après-midi est un peu débordée, elle ne sait pas toujours où taper sur l’écran tactile, elle hésite, commente très fort, et parfois un client se penche et l’aide, tous sont coopérateurs et savent plus ou moins remplir toutes les tâches. Un homme aux longues dreads, pantalon vert et chaussures de marche, remonte la file avec un petit plateau : “Du tofu, qui veut un échantillon de tofu ?” Il propose des petits sachets contenant des cubes bancs. “Tu le cuisines, c’est excellent ; c’est fabriqué à Montpellier, par la méthode chinoise.” Les gens regardent, se servent. Il repart avec son plateau vide.

“C’est Julien, nous dit-on, le premier salarié. Il a été berger, et connaît bien le réseau des petits producteurs. D’eux, il accepte tout.

Il fait pour eux le boulot de commercialisation dont en général ils ont horreur. Comme ils font de la vente directe sur les marchés, ils sont réticents aux normes, étiquettes, codes-barres, ne font pas de bons de livraison, et leurs facturations sont un peu bancales."

Julien assure une aide à la commercialisation qui permet aux producteurs de limiter leur présence sur les marchés. Ils ne gagnent pas plus, puisque La Cagette achète au prix de gros et prend une marge, mais ils peuvent se libérer des coopératives industrielles, ils gagnent un débouché stable, et du temps qui leur permet de se concentrer sur ce qu'ils savent faire : soigner leurs produits. Il y a eu au début quelques malentendus, certains producteurs voulaient vendre au même prix qu'en vente directe, sans prendre en compte les frais de logistique et de vente, qu'il faut facturer quelque part. La Cagette est un supermarché, et n'a pas vocation à faire de la vente directe pour les producteurs.

Il ne s'agit pas de décréter un modèle vertueux

Nous allons dans les rayons, il y a de tout, viande, fromage, fruits et légumes, épicerie. La viande est sous vide et vient des Cévennes, avoir un rayon boucherie nécessiterait trop d'investissement en formation et en équipement, avec des contraintes d'hygiène difficiles à tenir pour une petite structure. Tous les fruits et légumes frais sont bios, et une comparaison a été faite : ce sont les moins chers de Montpellier. Au-dessus de cageots de kiwis, kakis et christophines, une affiche manuscrite indique : "Conventionnel local, pas labellisé bio, mais zéro traitement !" Un peu plus loin, notre Surmoi locavore-de-saison frémit : nous sommes en décembre et nous voyons des carottes d'Italie, et des haricots verts d'Espagne.

"Ah ? demandons-nous, soupçonneux.

— C'est le comité approvisionnement qui propose les produits ; et les gens demandent des haricots..."

Par ces exemples, nous voyons à l'œuvre le pragmatisme de La Cagette : rien n'est interdit, tout se discute. Aucun dogme n'a été fixé au départ, sinon de rester dans l'esprit du projet. La Cagette fonctionne selon un "malentendu opératoire", c'est-à-dire qu'une question qu'il n'est pas nécessaire de trancher n'est pas tranchée, ce qui permet de décider rapidement et d'avancer.

Par exemple, décision a été prise de ne pas se cantonner au bio, mais de proposer pour chaque référence un article entrée de gamme, peu cher, issu de l'agro-industrie classique, et un produit bio plus qualitatif. Pour les spaghettis, trois marques sont proposées sur les rayons : Arrighi à 0,55 euro le paquet, des bios à 1,13 euro, et puis des sans-gluten à 2,36 euros.

"Comment justifier de travailler encore avec l'industrie alimentaire ?

— Il est facile de monter un supermarché pseudo-alternatif, et rester dans l'entre-soi avec des gens qui te ressemblent, mais ça ne change rien. La richesse, ce sont les frictions avec des gens qui ne sont pas obligatoirement d'accord. Il ne s'agit pas de décréter un modèle vertueux, mais de partir de la réalité, donc nous proposons des produits de base, accessibles, et des gens qui ne sont pas familiers du monde du bio vont pouvoir retrouver ce qu'ils connaissent, découvrir de nouveaux produits, et petit à petit les adopter, et les premiers vont disparaître. Nous ne voulons pas reproduire le modèle Biocoop ou Naturalia, qui sont des aventures entrepreneuriales individuelles, qui ne proposent que de bons produits vertueux, mais chers, parce qu'on est en centre-ville. En construisant le projet, nous construisons progressivement une communauté.

— Et ça marche ?

— Sur ce point, si on regarde le résultat, on n'a pas changé grand-chose..."

Surdiplômés, précaires, anticapitalistes

La sociologie des coopérateurs de La Cagette est le sujet des mémoires d'Élie et Antonin, ils ont fait une enquête sur les 1 000 premiers adhérents, récoltant environ 400 réponses. Il y a parmi les coopérateurs une mixité économique réelle, et une grande homogénéité culturelle : une forte proportion de faibles revenus, bien plus que la moyenne du quartier, un quart avec moins de 900 euros mensuels, et une très forte proportion de diplômés : 8 % de docteurs, 50 % de bac + 5. Politiquement, plus de la moitié se reconnaissent dans la France insoumise. On est donc face à un public surdiplômé, mais précaire et déclassé économiquement, qui est attaché à l'aspect politique, globalement anticapitaliste, du projet.

Olivier, le sociologue, nous décrit rapidement le paysage socioéconomique de Montpellier : ville inégalitaire à faible tissu industriel, avec un énorme secteur recherche et enseignement, 70 000 étudiants pour une population de 280 000 habitants ; sinon, des ressources liées à la vigne, au bâtiment et aux transferts sociaux. Le socle électoral de la municipalité est formé de petits propriétaires surtout attentifs aux fluctuations de l'immobilier et à la limitation des impôts, ni la mairie ni la métropole n'ont jamais marqué le moindre intérêt pour les projets alternatifs, les fondateurs de La Cagette se sont débrouillés tout seuls.

Tout a commencé loin d'ici, il y a environ quatre ans. Élie et Antonin sont de Montpellier mais ils étaient à Paris. Cousins, ils partageaient une coloc, Élie tenait un bar et Antonin était monteur audio pour des films d'entreprise ou la télé, avec un statut d'intermittent du spectacle. Et il en avait marre d'aller chaque matin à un boulot qui ne lui rapportait pas grand-chose et ne lui apportait rien. En 2014, il arrête, il veut se donner le temps de réfléchir, il devient bénévole pour La Louve, le supermarché coopératif créé sur le modèle de Park Slope Food Coop à Brooklyn, que l'on peut découvrir dans *Food Coop*, le documentaire qui lui est consacré. Il s'occupe des contacts extérieurs, des relations intercoopératives, de répondre à tous ceux qui appellent La Louve pour s'inspirer de son modèle.

Avec d'autres, ils organisent un Grenelle de l'avenir, qui devient une Kermesse du futur, un essai de colloque prospectif et festif qui débouche sur pas grand-chose de concret sinon une idée forte : l'accès à l'alimentation est, et sera, un point essentiel pour une société plus juste et plus durable. L'idée prend forme, ils rentrent à Montpellier, parce que "Paris est hors de prix pour la vie qu'on mène", avec alternance de périodes de Smic et de RSA. À Montpellier, ils peuvent tenir avec le RSA le temps de monter le projet. Nous sommes à l'été 2015.

En mobilisant leur entourage, le bouche-à-oreille, Facebook, ils fondent une association de préfiguration, Les Amis de La Cagette, et pendant tout l'été, au rythme d'environ une fois par semaine, ils tiennent des réunions pour mettre le projet au point. C'est un moment délicat de ces entreprises : faut-il discuter longuement pour peaufiner le modèle le plus satisfaisant possible, au risque de ne jamais le mettre en œuvre, ou commencer, au risque d'improviser en cours de route ? La jeune association décide de se lancer, au nom de ce "malentendu opératoire" auquel ils tiennent beaucoup : on ne tranche pas les questions qu'il n'est pas indispensable de trancher tout de suite, on essaie.

Ils commencent petit, repèrent des producteurs, achètent en gros, revendent à l'entourage, 100 kilos de riz, des bidons d'huile, des produits pour vingt personnes qu'ils stockent dans leur appartement, dans le garage de leurs parents. Ils se veulent itératifs et avancent à petits pas, ils veulent créer de la valeur et du contenu tout de suite. Ce qui les guide ? "Répondre à une urgence environnementale et sociale", dit Élie. "Attaquer le supermarché, qui est le cœur de la civilisation occidentale", s'amuse Antonin. Ce qu'ils veulent, c'est d'un côté permettre à chacun d'améliorer son alimentation, et de l'autre favoriser le développement d'une agriculture locale et durable. Ces deux principes seront l'axe de leur action, par un projet collectif et non lucratif. Élie l'affirme fermement : "Il s'agit de sortir de l'écologie comme esthétique de soi, de la posture morale de consomm'action si confortable, et de traiter le problème collectivement ; la démarche individuelle est sûrement une bonne chose, mais elle ne peut être qu'un début, parce que le problème ne se situe pas au niveau du supermarché, c'est la PAC, les subventions, la captation des terres agricoles, qui sont des problèmes politiques. Nous ne sommes pas des colibris, auxquels je ne reproche rien sinon leur force de captation médiatique, mais ils n'ont pas de perspective collective. Nous si, il nous arrive de faire des semaines de 100 heures, mais nous sommes bien mieux que dans nos anciens boulots, parce que nous sommes portés par le collectif.

— Mais sans statuts clairs, comment il se gouverne, ce collectif ?

— Par lui-même. Nous avons passé beaucoup de temps à penser le mode de gouvernance, le mode de prise de décisions, on s'est embrouillés avec pas mal de gens qui voulaient des élections et des conseils d'administration, mais ce n'est pas parce qu'on est élu qu'on est légitime et efficace dans sa fonction. Nous sommes une SAS, société par actions simplifiée, structure qui n'impose que deux choses : un président légalement responsable et une assemblée générale. L'un contrôle et veille à la conformité aux principes, c'est un bénévole qui délègue tout sauf si ça va mal, l'autre tranche et décide. Et puis nous avons créé une série de comités spécialisés, ouverts à tous les adhérents de bonne volonté, qui discutent et proposent à l'assemblée générale, qui tranche. Il s'agit d'argumenter, de faire l'unanimité autour d'un argument en démontrant qu'il n'est pas personnel mais conforme au projet. Bien sûr, il peut y avoir un effet circulaire, un argument peut apparaître conforme au projet s'il fait l'unanimité, ceux qui parlent le mieux ont un effet ambigu, et c'est pourquoi aucune charte n'est écrite : nous voulons que tout soit réversible, que tout puisse être repensé et rediscuté en permanence."

Les salariés n'ont aucun pouvoir particulier. Ils connaissent les différentes tâches, ils ont une vue d'ensemble, et ils sont les fondateurs ; tout cela leur donne une légitimité, qu'il ne faut pas confondre avec un pouvoir : ils sont coopérateurs comme les autres. Le principe général est celui de la distribution des pouvoirs : une personne qui prend une responsabilité a le droit de la mettre en application. Quand quelqu'un demande un pouvoir, par défaut on lui répond oui. En gros ça donne souvent ce dialogue : "Je veux bien que tu le fasses. – Ah... mais... je n'ai pas le temps." Ce qui clôt le débat.

L'autogestion, ce n'est pas de la tarte

Sur les 2 000 coopérateurs, environ 200 sont inscrits dans les différents comités, mais on peut estimer à environ 80 le nombre de ceux qui y participent effectivement. Ce noyau de bénévoles est le moteur de la coopérative, qui ne fonctionnerait pas s'il n'y avait pas un certain nombre de membres très investis, qui font bien plus que leurs trois heures mensuelles. Charles, par exemple, estime y passer dans les cinq heures par jour ; photographe ayant travaillé dans la pub, il anime les comités responsables de la communication, des relations presse, des affichages ou animations.

Coordonner une grande quantité de bénévoles, c'est difficile. Comme l'écrivait Marcel Mermoz, l'autogestion, ce n'est pas de la tarte... "Le pire, raconte Antonin, c'est le bénévole incompétent mais plein de bonne volonté, qui vient scrupuleusement trois heures par mois, ça peut être un enfer à gérer. La coopérative est aussi un lieu d'accueil pour des gens rejetés par le monde du travail, ici il y a des tâches simples, peu d'exigences de rendement, du soutien, c'est rare. Nous développons des outils informatiques, avec des interfaces faciles à manipuler, pour simplifier encore les tâches."

Ce n'est pas facile, cette culture du débat, on se rend compte que la démocratie participative, c'est gérer les casse-couilles, les beaux parleurs, les dogmatiques : tout ça prend du temps. Mais, continue Antonin, ça vaut le coup : "Je suis heureux de participer à un projet non lucratif, entièrement au profit des producteurs et des consommateurs, sans rémunérer des actionnaires."

Le projet fonctionne, il est en déficit comptable du fait du remboursement de l'achat du fond et des équipements, mais en équilibre financier. Le chiffre d'affaires augmente, le nombre de coopérateurs augmente, au point d'avoir dû changer les règles et d'attribuer maintenant les créneaux de trois heures à des binômes, ce qui contrevient un peu au principe d'investissement individuel mais permet d'employer plus de coopérateurs.

Et ensuite ? Optimiser, agrandir, essaimer ; ou bien créer une plateforme de distribution, pour développer l'agriculture locale et les points de vente alternatifs. Mais le projet est jeune, il participe de cette vague de projets de commerce coopératif que l'on observe partout en France, il y aurait en ce moment une cinquantaine d'associations de préfiguration, et une dizaine de projets qui fonctionnent. Pour l'instant ce n'est pas grand-chose, le chiffre annuel d'un supermarché coopératif c'est un bon samedi d'hypermarché classique, mais il s'invente ici des modes de gouvernance, de production et de distribution dont nous avons besoin dans une perspective de transition écologique.

L'ESS est aux mains de passionnés

Un autre exemple à Saint-Denis, au nord de Paris.

Janvier, après quelques jours de neige sur l'Île-de-France, c'est un bon moment pour franchir le périphérique et s'aventurer en Seine-Saint-Denis. On en découvre la nature sibérienne, climatique et urbanistique : on longe des voies rapides en hauteur sur leurs piliers de béton, des voies de chemin de fer dans tous les sens, des plaques de neige sur des étendues d'herbe qui doivent être en été pelouses ou terrains de sport, les rues sont des avenues entre des bâtiments industriels ou commerciaux, des immeubles de bureaux, des tours d'habitation, quelques maisons de briques anciennes sont un peu égarées, il y a de nouveaux pavillons cubiques, le tout en camaïeu de gris sous un ciel gris. Nous nous dirigeons au GPS car la logique urbaine n'est pas très claire, cela fait Sibérie par le froid, par le manque de relief et par l'architecture sans âme. Le GPS lui-même se perd, nous arrivons dans les pelouses d'un HLM en réfection, nous traversons un porche et c'est là, sous les échafaudages, une vitrine en bas d'une barre, couverte d'affiches bariolées. Pas d'enseigne, c'est un local en rez-de-chaussée, nous sommes à Dionycoop.

Saint-Denis, ce n'est pas la plus riante des bourgades, et tout le département qui l'entoure est une légende française, le lieu de toutes les inquiétudes de notre pays inquiet. Le lieu “où l'on ne va pas”, nous y sommes. À l'intérieur, Rémy nous accueille avec chaleur, grand sourire, nous invite à nous mettre à l'aise, et nous bavardons aussitôt. Parce que c'est ça au fond notre méthode d'investigation : pas trop de méthode, nous avons plein de questions mais quand nous rencontrons les gens, pas le temps de les poser, ils racontent. Alors on suit, on écoute, on note, dans le monde des groupements d'achat on rencontre surtout des passionnés, des enthousiastes, et ici des militants.

Une université populaire devenue épicerie

"Tout a commencé dans le milieu anar de Saint-Denis, raconte Rémy. Parce que la Plaine Saint-Denis a été jusqu'aux années soixante la plus grosse implantation industrielle d'Europe, ensuite la plus grande friche, mais il en reste une tradition ouvrière de solidarité, d'association, de débats." Fondée en 2008, Dionyversité est une association qui agrège conférences, débats, rencontres, sur le modèle d'une université populaire, gratuite et ouverte à tous, et à tous les projets. Le premier pas vers une coopérative a été une Amap, Court-Circuit, qui a commencé par un agriculteur qui avait son stand sur le marché. C'était le dernier petit paysan de la plaine de Roissy, son fils envisageait de reprendre la ferme, de se mettre au maraîchage pour la grande distribution, et il n'était pas contre le bio. Contacté, il accepte de participer à la fondation d'une Amap, dont Dionyversité sera l'organisatrice en tant que personne morale. Le projet fonctionne, grandit, devient la plus grande Amap d'Île-de-France, elle s'adjoint un autre producteur de l'Aisne, d'autres fournisseurs encore. Trois cents paniers sont distribués par semaine en deux lieux, il y a aussi des œufs, du pain, des produits laitiers, et même du poisson et des champignons une fois par mois.

En janvier 2015, la proposition est faite d'une coopérative d'achat. Les coopérateurs s'inscrivent, un local est trouvé, aménagé par les coopérateurs, en mai 2015 elle ouvre. Tout ça sans autre décision que le lancement d'une idée et l'écho qu'elle reçoit : c'est le principe de Dionyversité : responsabilité individuelle, éducation populaire, auto-organisation. Il ne s'agit pas d'une structure qui s'occupe de tout, mais d'une boîte à idées, deux ou trois personnes très investies et tout un réseau de sympathisants. Pour ouvrir la coop, les gens intéressés se sont réunis en trois commissions : gestion, communication, aménagement du local. Ceux qui sont venus ont pris les décisions, ils ont accompli eux-mêmes les tâches qu'ils avaient décidées, et en quelques mois c'était ouvert.

La confiance

Autour de nous, le local est très petit, comme salle de séjour ce serait un peu étroit. Le long des murs, des étagères de bois brut au plus simple, ce qui ne change pas tellement de l'affectation de naturel des magasins bios classiques, et des produits alignés, mais pas tellement, et dont l'emballage en papier est étrangement semblable d'un produit à l'autre. À la base des étagères, des cartons.

"Nous achetons en grosses quantités et nous mettons en sachets et étiquetons nous-mêmes, explique Rémy. Il n'y a pas de local pour le stock, le stock ce sont les cartons en dessous.

— Qui fait le rangement, qui gère le stock ?

— Mais nous ! Il n'y a pas de salariés, tout est fait par des bénévoles qui sont les coopérateurs.

— Vous avez un système d'inscription, de service tournant ?

— Pas du tout. Seulement une liste de diffusion. Quand il y a livraison des commandes le vendredi, il faut douze personnes le matin pour décharger les palettes, et douze personnes le soir pour ranger, mettre en sachets, étiqueter. Les gens s'inscrivent, et puis ils viennent.

— Et... ça marche ?

— Oui."

Il y a 250 inscrits, et l'inscription est simple : on est coopérateur quand on a payé la contribution, 20 euros par an pour financer le local et ses charges. On est alors inscrit sur deux listes internet : une descendante, informative, alimentée par quelques personnes référentes, ce qui fait environ un mail par semaine ; et puis une horizontale, qui est une liste de discussion où n'importe qui peut écrire à tous. Celle-là, c'est plutôt dix mails par jour, et on peut y échanger, débattre, proposer, donner, vendre, demander, tout ce qu'on veut, pas uniquement à propos de la coop. S'il y a polémique un peu envahissante, on suggère aux gens de se réunir...

“Et qui décide des commandes ?

— Tout le monde.

— ?

— Oui, tout le monde peut proposer l’achat d’un produit, et toute demande est prise en compte. Il y a un mois, quelqu’un a proposé un achat de comté, les gens se sont inscrits, il y a eu 250 commandes, soit 500 kilos de fromage... plus 200 kilos d’achat par la coop. C’était une belle palette, que nous avons découpée nous-mêmes et que nous nous sommes distribuée. Tout le monde peut lancer des achats, on peut même acheter soi-même si on trouve que l’on a une bonne idée, que l’on trouve une bonne occasion, tout le monde peut acheter pour 200 euros d’un produit qu’il trouve intéressant et le rapporter à la coop, il lui suffit de passer un coup de fil au trésorier pour vérifier qu’il y a de quoi dans la caisse.

— Tout le monde ?

— Oui. Mais ce n’est pas un gros risque : 200 euros, et le plus souvent le produit part vite, et s’il ne part pas, eh bien on ne recommence pas. Au début on mettait même un carton en dessous, les gens se servaient et laissaient l’argent.

— C’est possible, ça ? m’écrié-je. Je croyais qu’on ne voyait ça qu’en Suisse... mais ça existe en France, et dans le 9-3 encore !

— Mais on ne le fait plus, parce qu’il n’y a plus d’argent dans la boutique.”

Et en effet, pendant que nous discutions, une femme est entrée, a salué Rémy, a fait le tour des rayons en prenant quelques produits, a noté quelque chose sur la table derrière nous, et puis est repartie. Je n’avais pas bien compris ce qu’elle faisait, rangeait-elle, travaillait-elle ? Non, elle faisait ses courses.

“Au départ, tout le monde fait un dépôt de 150 euros, ce qui permet d’avoir une trésorerie pour passer des commandes. Ensuite, les coopérateurs viennent, se servent, notent ce qu’ils ont pris et c’est déduit de leur compte.”

Il nous montre le gros classeur rempli de pochettes plastiques, dans chacune la fiche d'un coopérateur, un tableau où sont notées toutes ses dépenses.

"Quand il ne reste que 50 euros sur un compte, on suggère de l'alimenter à nouveau. Il n'y a pas de caisse dans le local, pas d'échange d'argent. De toute façon, les produits appartiennent déjà aux coopérateurs, puisqu'ils ont été achetés avec les fonds qu'ils ont versés à l'avance. Quand ils viennent ici, ils n'achètent pas un produit : ils viennent le retirer...

— Mais comment on sait que la personne qui entre fait partie des coopérateurs ?

— On ne s'en occupe pas... On fait confiance, et la confiance marche, elle a été testée de nombreuses fois. C'est comme pour l'ouverture : il faut trois personnes pour assurer l'ouverture, ce qui fait en gros une fois par trimestre pour chacun. Mais il n'y a pas de tableau de roulement, chacun s'inscrit. Pour la clé, il y a dix clés du local accrochées à dix clous à côté de la porte. Ceux qui assurent une ouverture viennent chercher la clé à l'ouverture précédente, la rapportent à l'ouverture suivante, il n'y a pas de référent responsable qui s'occuperait des clés et viendrait ouvrir pour les autres, tout le monde est responsable. Au début, il a pu y avoir quelques couacs, des gens stationnaient devant la porte en attendant l'ouverture, personne ne s'était inscrit, ou bien ils avaient oublié, mais il n'y avait personne à appeler au secours, personne à qui se plaindre, alors il n'y avait pas d'ouverture ; et ensuite c'est allé beaucoup mieux.

— Tout le monde participe ?

— Il y a un tiers de personnes très investies, et puis peut-être un tiers qui passe au travers du filet, qui de toute façon n'existe pas. C'est tout à fait suffisant pour fonctionner. On vend pour environ 200 000 euros de produits par an, qui sont 30 à 50 % moins chers que dans la distribution classique, ou bio, puisque ce sont des prix de gros et que nous ne prenons pas de marge, les seuls frais sont liés à la location du local, couverte par les cotisations. La seule marge, 3 000 à 4 000 euros par an, est due à l'arrondi que nous faisons à la dizaine de centimes supérieure quand nous empaquetons."

Une anarchie gestionnaire

Nous sommes un peu stupéfaits devant ce fonctionnement qui renverse toutes nos habitudes, tant du point de vue commercial que de celui du fonctionnement associatif.

"Pas de président élu, pas de bureau, pas d'assemblée générale ?

— Non. Pour quoi faire ? Tout le monde peut s'adresser à tout le monde par les listes de diffusion. Les AG ont l'inconvénient de favoriser ceux qui parlent bien, ceux qui sont à l'aise pour parler en public ; quelqu'un qui n'arrive pas à défendre ses propositions se décourage et ne vient plus. Quant au chef, qu'il soit président ou référent, il s'use à ce que ça marche, et ne fait qu'aggraver l'attitude consommatrice. Tout fonctionne sur un préjugé de confiance, tout est appropriable, par tous les coopérateurs. Si on enlève deux personnes, dix personnes, pas de problème : il y a cinquante personnes actives, cent cinquante qui sont formées. Nous avons le souci permanent de diffuser les compétences et les savoirs, par la participation et l'observation."

Des gens passent, toutes sortes de gens, hommes et femmes, plutôt blancs et d'âge mûr, Rémy leur dit en deux mots ce que nous faisons là, ils nous saluent et vaquent à leurs affaires : ils remplissent leur panier, font les comptes et s'en vont, ou bien à deux ou trois réassortissent les rayons à partir des stocks rangés dans des cartons. Didier reste avec nous, longs cheveux blancs, visage émacié et petites lunettes cerclées d'acier, appuyé sur une canne, tout vêtu de noir, c'est un ancien instit, il est le portrait du vieux militant de toutes les causes tel que je l'imagine, il correspond à ce que Rémy nous raconte de ces modes de fonctionnement tout à la fois individualistes et solidaires.

“Mais la quatrième année, concède-t-il, nous avons eu un choc : un petit déficit, un trou dans la caisse, pas énorme, 1 % du chiffre d'affaires, mais un trou.

— C'était dû à quoi ?

— On ne sait pas. Nous étions un peu vexés, c'était pour nous une trahison de cette confiance qui est notre base.

— Qu'est-ce que vous avez fait ?

— Nous avons parlé. Lancé une discussion sur la liste de diffusion, fait des réunions, pour tous ensemble résoudre le problème.

— C'était quoi alors ?

— On ne sait toujours pas. On a imaginé qu'une clé avait disparu, que des gens avaient pu venir sans être coopérateurs. Mais le trou n'était pas énorme, on a surtout pensé que les gens avaient été négligents dans leurs comptes. On a demandé de ne plus utiliser la calculatrice du smartphone, parce que faire des additions sur un écran tactile tout en bavardant, c'est une source d'erreur.

— Et puis quand l'addition est plus lourde que prévu, on recompte, rigole Didier, alors que quand elle est plus légère, on se dit que la coop a du bon, que c'est vraiment pas cher. Toutes les erreurs ne se valent pas.

— Quelqu'un a envisagé un contrôle à l'entrée. Ça a été vite vu : « Tu veux le faire ? – Euh, non... – Et bien alors on ne le fait pas... »

— Notre principe c'est que si le problème est moins lourd que de lui trouver une solution, c'est pas la peine de s'en occuper. On a décidé de faire des réunions d'information régulières, tous les quinze jours, obligatoires pour les nouveaux. Et puis pour ceux qui ont du mal à s'en sortir, qui seraient tentés de prendre un produit de plus en pensant qu'ils le noteront plus tard, il y a maintenant un rayon solidaire : on achète un produit mais on le laisse là, pour ceux qui en ont besoin. Le déficit a disparu.”

Arrivent trois femmes, qui s'installent en rigolant, qui ouvrent un gros sac de 10 kilos d'amandes et entreprennent de le mettre en petits sachets tout en bavardant. L'une pèse 250 grammes et remplit un sachet, l'autre colle bien droit l'étiquette qui contient toutes les spécifications du produit, et la dernière ferme le sachet en pliant le sommet avec une petite barrette.

"Voilà pourquoi nous arrivons à des produits pas chers : nous faisons tout nous-mêmes. Pas de frais de main-d'œuvre...

— Tout s'explique par le travail caché, rigole l'une.

— Ah non, ce n'est pas ça, le travail caché, intervient une autre.

— C'est quoi alors ?

— Le travail domestique, ça, ce n'est jamais pris en compte", dit-elle en me regardant droit dans les yeux.

Je vois bien qu'on est sorti de l'échange de propos plaisants.

"Oui, même ici les travaux sont toujours très genrés, lance une autre. Les coordinateurs sont des hommes, et quand il y a livraison ce sont les mecs qui sont volontaires pour décharger, mais le soir pour ranger, plus un seul, que des femmes.

— Pourtant, on n'est pas tellement...

— Mais ça se reconstitue en permanence...

— On est pareil que dans les années soixante...

— Même nous..."

Il y a plein de non-dits très clairs dans ce dialogue, chacun de nous sait ce qui est dit sans le dire, on est bien dans le monde des débats, des luttes, des revendications. Elles continuent tranquillement l'ensachage, je veux prendre une photo, un souvenir, un document, et l'une d'elles s'écarte.

"Mais reste donc sur la photo...

— Non. Mais si tu veux mettre les amandes en sachets, vas-y, et moi je te prends en photo."

Je décline la proposition, je remercie, je bats prudemment en retraite, je rejoins lâchement les hommes.

Un entre-soi culturel

Rémy et Didier ont passé toute leur vie à Saint-Denis, pour eux, l'Amap, la coop, ce sont des structures qui contribuent à ce que les gens restent ici. La liste des discussions des coopérateurs est devenue un forum, un lien, un lieu où l'on recommande des commerces, des lieux, des activités, où on fait des demandes d'aide, de dons, de prêts, où l'on propose des dons et des services. Cela crée un lien social fort, dans une ville où la population est très mouvante, puisque 20 % se renouvellent tous les cinq ans. Depuis plus d'un siècle, les vagues d'immigration successives arrivent là, puis en s'intégrant vont s'installer ailleurs, remplacées par la vague suivante.

"Justement, interrogeons-nous après avoir remarqué une certaine homogénéité des coopérateurs que nous avons vus, ces milieux populaires des HLM, issus de l'immigration, font-ils partie de la coop ?

— Pas vraiment. Le cœur de cible de la coop, c'est la femme seule, bac +5, avec des revenus modestes. On a aussi pas mal d'intermittents, venus s'installer ici parce que c'est la ville la moins chère des alentours de Paris, de jeunes instits nommés ici, des retraités.

Pour les gens à très faibles revenus, il y a une offre importante à Saint-Denis : un Carrefour de centre-ville, un Lidl qui vient de s'ouvrir, un marché où on peut trouver une caisse de poulet à 10 euros. Nous avons des prix très bas, tout le monde peut devenir coopérateur, tout est ouvert : nous avons fait notre part d'accessibilité."

Cela est dit avec tant de force, comme un poing sur la table, que l'on sent bien que c'est une faiblesse qui s'exprime : il y a un fossé social, que l'on ne sait pas trop comment franchir. Sans doute que ce mode de fonctionnement coopératif et libertaire parle surtout à ceux qui en ont déjà la culture.

"Et l'avenir ? Vous pensez grandir ?

— Grandir ? Non, plutôt essaimer. Contribuer à ce que d'autres groupes ouvrent d'autres lieux, qui seraient autonomes. Nous voulons rester petits et simples. C'est une des choses qui nous différencient des structures comme La Louve. Eux sont dans une course à la complexité, et donc à l'organisation, dès qu'ils ont un problème, ils imaginent devoir le régler. Ils font des emprunts pour investir, ce qui génère des coûts, le but est que les fondateurs deviennent salariés, ce qui génère des coûts de fonctionnement, et les salariés finissent par organiser le travail des bénévoles. Nous ne voulons pas entrer dans ce processus, nous voulons être libres de ces lourdeurs, de ces rigidités, parce que nous estimons que nous n'en avons pas besoin.

Pas de commission, chez nous : ce sont des occasions de conflits. Pour les commandes, chacun peut les faire et s'en occuper. Quand il était question de proposer des produits frais, on n'a pas débattu : on a lancé l'idée, on a mis une caisse dans le local, les gens ont contribué, on ne sait pas qui, et quand la somme a été réunie, on a acheté un frigo, et depuis on propose des produits frais.

Il faut impliquer les gens, et laisser la place aux gens ; et même leur laisser la possibilité de ne pas s'impliquer : il doit y avoir un tiers des coopérateurs qui se contentent de venir faire leurs courses. Pour la question du bio par exemple, nous y sommes globalement favorables, mais nous n'avons pas tranché parce que nous ne voulions pas d'une liste de critères trop rigides. Il est plus important pour nous d'avoir de bons produits de petits producteurs abordables qu'un produit qui correspondrait bêtement aux normes. Alors on propose, on déguste, on discute ; et on adopte, ou pas."

Magnifiques expériences que celles de Montpellier et de Saint-Denis. Qui loupent toutefois leurs cibles. Inventives, elles sont dans l'action, pas dans la commisération ; elles visaient les publics les plus infériorisés par l'organisation de la société, les plus lointains, elles ont capté des publics certes précaires, mais culturellement intégrés. Leur apparence, leurs codes, leur philosophie ne sont pas accessibles à tous. Elles nécessitent un apprentissage, elles permettent de se réapproprier sa consommation, mais comme les librairies, elles demeurent des temples qui peuvent faire peur à qui pense n'en pas avoir les codes.

6

L'ARGENT...

L'argent. C'est toujours cela qui manque. Or, pour nourrir, en urgence ou sur un terme long, il en faut beaucoup. Et bien le dépenser. Car l'alimentation est pondéreuse et fragile, elle coûte en transport et stockage. Sa gestion demande de la main-d'œuvre. La penser comme un moyen de sortir les gens de la pauvreté réclame d'avoir les reins solides sur des années. Et surtout, disons-le d'emblée afin d'évacuer les sujets qui fâchent, cela exige de se débarrasser de quelques méchantes illusions : en matière caritative, la naïveté et les bons sentiments n'aident pas. Ce n'est pas parce que l'on monte une association qui se propose d'aider les plus démunis que l'intérêt des financeurs sera immédiatement réveillé. Quand on pense sauver la planète ou l'humanité, on imagine que quelques mots-clés puisés dans les colloques et les médias déclencheront le robinet à subventions. C'est faux, il faut monter des dossiers solides, sérieux et raisonnables. C'est-à-dire des dossiers qui, par exemple, ne réinventent pas l'eau chaude. Il y en a pléthore de ces projets déjà vus, écrits mille fois, qui n'apportent rien d'autre que de perpétuer l'ordinaire de la facilité. Cela dit, comment être original lorsqu'il s'agit d'aider les pauvres à manger ou à se loger ? Pourquoi l'être quand l'urgence demeure ?

Un bon projet est un projet bien pensé

Alors, qu'est-ce qu'un bon projet ? C'est une belle idée, certes, originale… mais avec un bon plan de financement crédible parce qu'il est prudent, c'est-à-dire réaliste. Il a le droit d'être ambitieux mais sur un site ou deux, pas, tout de suite, sur 25 sites répartis sur toute la France. Et puis, pour monter un projet crédible, il faut bien connaître le territoire et le public sur lequel on va intervenir. Et si le projet pouvait être autre chose que du stockage ou de la distribution, ce serait encore mieux : le colis serait alors un moyen d'aider les pauvres à ne plus l'être, et pas un but en soi.

Nous y voilà. Avant d'aller demander un crédit à la banque pour monter son idée d'entreprise, mieux vaut disposer au préalable d'une analyse objective du marché que l'on souhaite cibler, du public que l'on prétend convaincre. Cela n'empêchera nullement de se tromper, ni de faire faillite, mais au moins on aura fait ce qu'il fallait pour limiter les risques que ça advienne. Dans le caritatif, c'est la même chose : on ne construit pas un projet alimentaire identique pour un public hébergé dans des hôtels, les sans-abri ou des familles monoparentales locataires d'un habitat social. Penser l'aide en urgence ou comme levier pour sortir les bénéficiaires de leur condition, ce n'est pas tout à fait la même chose. Si l'on s'adresse à un public en précarité économique de long terme il faut imaginer que le projet va s'inscrire dans un parcours qui devra l'aider à s'émanciper totalement. À partir de là, il s'agit de construire un modèle économique spécifique : quelle sera la part d'autofinancement, de financements publics, de soutiens privés, etc., afin de pérenniser financièrement la structure que l'on veut créer ? Dans quels postes budgétaires va-t-on ventiler l'argent afin qu'effectivement, d'année en année, on sorte de l'urgence et des besoins immédiats un nombre plus important de pauvres ?

Le bon conseil

Monter un projet de coopérative ou d'association n'est pas simple. Il vaut mieux être accompagné par des gens qui savent. Beaucoup de porteurs de projets, mal informés, ont choisi pour leur structure une forme juridique qui les enferme, les empêchera de se développer ou leur fera faire des bêtises préjudiciables, comme de réclamer des subventions alors que l'on est en coopérative : sous ce statut, c'est autorisé, mais sous des contraintes… byzantines (il faut respecter la règle de minimis, qui prévoit qu'une même entreprise ne peut recevoir au maximum que 200 000 euros d'aides non notifiées dites de minimis sur une période de trois exercices fiscaux – si vous comprenez, écrivez à l'éditeur, qui nous fera suivre). Avec une bonne dose de naïveté ou de dilettantisme juridique, voilà un projet bien mal démarré, qui risque de capoter si par-dessus le marché il est structuré par un très mauvais montage financier.

Un montage qui notamment n'aurait pas bien évalué le facteur humain. Le facteur humain, cet éternel impensé. Il y a pourtant une question simple à se poser à un moment ou un autre : qui va travailler au sein de la structure ? Et combien seront-ils ? Spontanément, on pense bénévolat. Car dans notre culture judéo-chrétienne, aider est une obligation morale, c'est un acte gratuit, empreint de vertueuse générosité, qui doit reposer sur le don de soi. Pourquoi rémunérer ce qui est juste de l'humanité ? Ce serait vulgaire que d'oser réclamer de l'argent pour secourir. Pourtant, à penser ainsi, l'on se condamne à faire reposer son projet sur la seule volonté de personnes qui ont les moyens d'offrir leur temps libre. Des personnes qui en ont beaucoup, ce sont les retraités, de la bonne volonté desquels on dépend entièrement. On a vu le résultat durant le premier confinement : l'interdiction et la peur de sortir de chez soi ont privé de bras la plupart des associations d'aide alimentaire durant plusieurs semaines. Nous l'avons constaté partout, l'important est vraiment de penser très en amont aux ressources humaines. Penser nombre de salariés, éventuels saisonniers et bénévoles, penser formation à la gestion, au développement du projet, au marketing et à la communication, aussi, car une association ou une coopérative doit être visible parmi des centaines d'autres pour espérer renouveler ses financements.

Il faut penser à tout. Au public, à la forme de la structure que l'on veut développer, aux financements, aux postes à créer. Les freins juridiques, financiers et organisationnels sont nombreux pour quiconque espère faire évoluer l'aide alimentaire en France. Il faut les connaître pour au moins faire avec ; mieux, les comprendre pour en profiter. Le cœur du problème, c'est vraiment le juridique : vu la multitude des statuts possibles et des sources de financement, et alors que les acteurs ne sont pas bien formés, il faut le soutien d'un juriste spécialisé dès l'écriture du projet, et financer du conseil régulier afin que la structure, une fois montée, reste dans les clous de la réglementation. Un mauvais choix en amont peut empêcher l'avenir.

Inside Vrac

Vrac est un modèle du genre. La structure dont nous parlons en épilogue de cette enquête a été financée très vite à partir d'une idée originale, et elle est toujours là, plus grosse que jamais, six ans après sa création. Elle qui est née dans la banlieue de Lyon est aujourd'hui appelée par toutes les grandes villes de France pour s'y implanter. Une réussite unique, malheureusement unique, que raconte son fondateur, et directeur de cet ouvrage, Boris Tavernier.

"Ce n'est pas difficile d'avoir un premier financement quand on a une idée nouvelle. Nous, on a eu des financements assez facilement durant les trois premières années, c'est le temps de l'expérimentation." Boris Tavernier reconnaît tout de même avoir eu de la chance, car la Fondation Abbé Pierre a sauté sur son projet, ce qui a facilité ensuite la demande d'autres financements auprès de bailleurs sociaux.

"Ensuite, il faut entrer dans la logique d'essaimage, de changement d'échelle, c'est là le cap difficile..." D'autant plus qu'après ces trois premières années, Vrac a obtenu l'argent et l'éclairage médiatique d'une dotation de La France s'engage. La fondation de François Hollande attire la lumière et motive les structures qui ont de l'argent.

"J'ai été dès lors contraint de me développer", avoue-t-il étrangement. Il était obligé de continuer. Propulsé par un premier étage, maintenant largué par le second, il ne pouvait qu'aller chercher la bonne orbite. Malgré la vitesse acquise, on lui pose toujours une question pénible : "Tu rencontres sur un nouveau territoire les financeurs potentiels, dont la première question est « C'est quoi ton modèle économique ?! », alors que nous, on ne gagne pas d'argent, on ne sera jamais rentables." Mantra des consultants, le fameux modèle économique est une idée lancée en l'air par ces routiniers de l'analyse. Qui retombe systématiquement à plat, ce qui justifie de ne pas financer : une sorte de prophétie autoréalisatrice. Car il n'y a pas de modèle économique du caritatif dans une économie de marché. C'est donc casse-gueule, car personne ne va gagner d'argent, alors je ne finance pas ! Avec cette logique de tableur, il n'y aurait pas de Sécurité sociale ni d'Éducation nationale en France. "On ne peut pas demander à une association de faire du fric. Il y a sept-huit ans, quand j'avais mon autre coopérative, on me disait toujours que dans l'expression « entreprise sociale et solidaire » (ESS), il y avait le mot « entreprise » ; désormais, on oublie les mots « social » et « solidaire ». Il aurait fallu que je gagne de l'argent. Mais comment ? En vendant des produits ? Mais l'argent que j'aurais gagné en vendant des produits bios et locaux dans une entreprise aurait juste payé le salaire de la personne qui s'en serait chargée. Et on se serait éloignés de notre objectif. Non, notre modèle ne peut fonctionner que sur des subventions."

Les structures d'aide font du social et du solidaire, c'est-à-dire du service public. Cependant, le service public n'est pas marchand. Il faut que la société l'assume en subventionnant à perte – selon les critères comptables habituels – des structures privées qui rendent un service que l'État ne peut assurer. "Or, le système est faussé. Il met tout le monde en concurrence, et du coup, cela aboutit à donner 3 000 euros à tout le monde. Et comme ça recommence chaque année, on doit avoir une nouvelle idée chaque année." C'est usant en paperasses et en réunions. Vrac a vraiment eu de la chance d'avoir un financement sur les trois premières années, puis durant les trois suivantes grâce à La France s'engage (83 000 euros par an pendant trois ans). Pour les autres structures, c'est chaque année repartir en quête de fric, en consommant pour cela un bon tiers du temps, qui est perdu pour l'action.

Cela dit, puisque le système est comme cela, c'est qu'il y trouve sa justification. Instruire des dossiers assure du travail à beaucoup et conforte des routines que l'on ne pense même plus à contredire. "Ce qui est fou c'est l'instruction : pour demander 5 000 euros, il faut des dossiers énormes. Par exemple, si la base de financement d'une métropole est la demi-journée à 210 euros, il faut diviser le montant qu'on réclame par autant de demi-journées et justifier chacune. Il faut prouver que chaque euro est bien dépensé ! Et l'argent n'arrivera, s'il arrive, que très tard", alors que la structure d'aide ne peut pas attendre pour aider. "En réalité, on avance l'argent pour les collectivités qui nous financent, en attendant qu'elles nous financent après nous avoir dit oui."

Et quand l'argent arrive, il prend parfois la forme d'un consultant. L'autre gagnant de l'économie de la pauvreté. "On est « accompagnés », à défaut d'être dotés. Par exemple, on a besoin d'une enquête de terrain pour une nouvelle implantation, on demande 3 000 euros, et on nous paie en fait trois jours de consultant, qui n'aura jamais le temps de faire une bonne enquête."

En définitive, le système de financements publics est une noria qui déverse à intervalles réguliers les mêmes sommes dans les mêmes pots conformes, sans s'intéresser à ce qu'ils deviennent. Sauf quand il y a urgence, comme lors du premier confinement. Tous les blocages ont sauté, ce qui réclamait six mois minimum d'empilage de paperasses a été réglé en trois jours de coups de fil. "Avec le Plan de relance, en plus, l'argent coule de partout. Dans le département du Rhône, on a déposé un dossier de 100 000 euros, qui a été traité... en quatre jours ! Et les sous sont arrivés une semaine après. Au niveau national, c'est 500 000 euros minimum. On a fait la demande, on devrait avoir la réponse en mars, et en avril, normalement, on sera financés..." Ce qui prouve que l'inertie du système n'a aucune justification objective : elle est parce qu'elle est. La nécessité peut la faire sauter comme par magie.

Mais une fois disparue, elle retrouvera toute la puissance de sa masse incroyable. "En fait, il faudrait que l'on puisse démontrer les coûts évités par notre action. Actuellement on nous demande d'écrire : « 1 euro de subvention, c'est x repas, pour x personnes ». Ça n'a aucun sens. Ce qui en aurait, c'est « 1 euro investi égale tant d'euros économisés en dépenses de santé »." Avis aux chercheurs.

En attendant, des fondations acceptent de financer le long terme. C'est le cas notamment de la Fondation Daniel et Nina Carasso, née il y a dix ans. "On a été lauréats d'un appel à projets en 2014, au début de notre aventure, elle ne nous connaissait pas, elle nous a pourtant financés à hauteur de 15 000 euros par an pendant trois ans, avec de l'accompagnement. Cela nous a donné du temps. La quatrième année, on n'était plus dans un appel à projets, elle nous a quand même débloqué 90 000 euros, puis la cinquième année ça a été 50 000 euros orientés en partie sur le projet « Femmes d'ici, cuisines d'ailleurs ». Elle accepte l'impermanence, les aléas du long terme, en plus, elle nous a mis dans ses réseaux de financeurs potentiels, nous fait profiter de son réseau de chercheurs et nous rend visibles lors de conférences ou de séminaires."

Épicentre, un modèle économique original

Nous rencontrons Raphaël, jeune homme dans la vingtaine, qui a fondé et gère Épicentre, épicerie sociale et solidaire située dans le quartier de Grand Trou à Lyon. Le nom impressionne mais il ne signifie rien en particulier, c'est un quartier un peu suburbain, entre grand boulevard et voie ferrée, fait d'immeubles ouvriers du XIXe qui dessinent quelques rues, et de blocs du XXe posés ici et là. C'est plutôt vivable, peuplé de classes moyennes, encore urbain. Mais les lieux se dégradent, le bâti bon marché résiste mal au temps.

Le quartier n'est pas en politique de la ville mais les cinq quartiers autour le sont, dans le jargon complexe des qualifications urbaines on parle du Grand Trou comme d'un quartier intermédiaire. Même si nous ne sommes pas très sûrs que le terme soit homologué.

Épicentre est une structure associative qui vend à ses adhérents, l'adhésion étant de 3 euros par an. Sa particularité est qu'elle accueille deux publics très différents, en un modèle économique subtil :

— des bénéficiaires, envoyés par les travailleurs sociaux, qui ont accès aux produits fournis par la banque alimentaire au prix de 10 % de leur valeur habituelle. C'est l'aspect épicerie sociale, qui permet de distribuer aux plus démunis une aide alimentaire. Les bénéficiaires sont appelés ici “porteurs de projet”, puisque l'association assure un accompagnement individualisé dans leur projet de sortie de la précarité. Ce sont des gens qui ont un reste à vivre de 5 à 9 euros par jour et par personne, leur adhésion est à durée limitée, d'un à six mois, le temps d'un coup de pouce financier pour franchir une passe difficile. Dès le départ, la date de fin d'accès est fixée ;

— un public solidaire, de voisinage, qui vient à Épicentre pour trouver des produits bios, locaux, responsables, des produits de bonne qualité vendus à leur prix habituel. Quelle est leur motivation ? Faire leurs courses tout simplement, et puis participer à l'action sociale de l'association, puisque les revenus de l'épicerie solidaire, une épicerie classique finalement, financeront l'épicerie sociale qui est par nature déficitaire. Ils participeront ainsi à la mixité du lieu, qui ne sera plus stigmatisant pour ceux qui y auraient recours comme bénéficiaires : ce sera une épicerie banale.

Sur le papier c'est limpide, en ville c'est plus compliqué. Comment trouver ce public solidaire, indispensable à la survie économique du système ? Dans un quartier à taux de pauvreté élevé, là où l'épicerie sociale est la plus nécessaire, le public solidaire est introuvable puisque tout autour tout le monde est pauvre... et penser que l'on puisse aller faire ses courses dans un quartier paupérisé et lointain, par solidarité, c'est sans doute surestimer la puissance de l'esprit militant. Pareil pour l'idée d'implanter de telles structures dans un quartier favorisé : les bénéficiaires ne feraient sans doute pas le chemin. D'où l'intérêt de ce quartier intermédiaire, où cohabitent dans un faible rayon les deux publics. Est-ce durable ? La ségrégation immobilière progresse dans les grandes villes, séparant de façon de plus en plus définitive les groupes sociaux (appelons-les classes sociales, on comprendra mieux).

Vendre, avec 90 % de réduction

Pour l'instant Épicentre accueille environ 200 familles de bénéficiaires, et un public solidaire à peu près équivalent, mais qui ne vient pas régulièrement, environ 50 par semaine. Pour un équilibre économique de la structure, il faudrait, en valeur, deux fois plus d'achats solidaires, ce qui n'est pas le cas. Pour Raphaël, le problème n'est pas tant de recruter ce public solidaire que de lui proposer une offre suffisante pour le fidéliser et qu'il vienne régulièrement. Il nous avoue que sa formation à ESCD 3A, école de commerce spécialisée dans le développement durable, est un peu inadéquate au problème qu'il rencontre : il lui faudrait simplement des compétences de gestion d'épicerie, puisque ce qu'il doit faire tourner c'est une épicerie, choisir des produits, les diffuser, aménager le lieu pour qu'il soit accueillant, faire envie. Il doit asseoir solidement l'aspect économique pour développer l'aspect social. Mais imagine-t-on une supérette dont la moitié des clients aurait un rabais automatique de 90 % ?

Épicentre, c'était son projet de fin d'études : créer une forme d'aide alimentaire respectueuse et valorisante qui aille au-delà du don caritatif. Celui-ci est sans doute nécessaire pour ceux qui n'ont aucune ressource, mais il existe toute une population précarisée pour qui le don n'est pas adapté, et contribue même à enfoncer davantage dans la précarité en lui ôtant toute autonomie, en la rejetant hors des liens sociaux. Une épicerie où l'on choisit, où l'on achète, où l'on passe à la caisse quel que soit le prix, est un lieu où symboliquement on n'est plus exclu, où l'on fait encore partie du corps social, sentiment indispensable pour ne pas basculer de la précarité à la misère. La charité ne profite qu'à celui qui donne, dit l'adage ; ou alors, pour le dire sous forme de proverbe à l'africaine : la main de celui qui donne est toujours au-dessus de celle de celui qui reçoit. Dans cette position, il est difficile de relever la tête.

Cinq personnes assurent le fonctionnement d'Épicentre : Raphaël qui est coordinateur, une assistante sociale, deux stagiaires de la filière sociale, deux volontaires du service civique. En plus, une équipe d'une cinquantaine de bénévoles qui assurent environ sept équivalents temps plein.

Seule l'assistante sociale est salariée. Raphaël, qui travaille là depuis cinq ans, est bénévole à soixante heures par semaine. De quoi vit-il ? Pendant trois ans il a été embauché par un réseau d'associations qui le mettait à mi-temps à disposition de l'épicerie (pour 60 heures…), et depuis il est au chômage, 950 euros par mois, et son projet est de se créer un emploi salarié, ce qui implique qu'il trouve des financements pour se payer lui-même.

Le rôle de tout le monde, en plus de gérer l'épicerie, est un rôle d'accueil, de connaissance personnelle des clients pour fournir à tous une aide respectueuse et valorisante, pour favoriser le lien social, notion dont il est facile de se moquer mais qui manque cruellement aux personnes précarisées. On voit là encore la fragilité du modèle, que Raphaël qualifie lui-même de faux modèle économique : les ressources humaines sont gratuites, masquées dans le bilan comptable, et l'achat solidaire ne permet pas de financer la structure et l'achat des produits alimentaires proposés.

Seule conclusion : l'accès à l'alimentation, pour qu'il soit digne et durable, doit être financé.

Ce n'est pas une idée jetée en l'air pour finir joliment une phrase : c'est un projet politique. Les inégalités sociales ne sont pas naturelles,

elles sont le résultat d'un fonctionnement économique global, et quand elles s'accroissent, elles deviennent toxiques pour les sociétés. La solidarité qui doit y remédier n'a pas vocation à être autonome financièrement, on ne voit pas comment elle le pourrait, les structures assurant cette solidarité doivent être financées. Appelons ça subventions si l'on veut, mais le mot est étroit, il sonne comme un défaut en notre temps fasciné en dépit du bon sens par l'autonomie, appelons ça alors argent public, levée de fonds, transferts sociaux. Une part de la société s'effondre, une autre fonctionne, celle-ci doit venir au secours de celle-là, sinon tout sera emporté. C'est bien le principe de l'épicerie sociale et solidaire, mais une épicerie de quartier ne suffit pas à effectuer les transferts sociaux nécessaires : le pays tout entier, voire l'Europe, est la bonne échelle d'intervention dans le domaine de la solidarité.

Une autonomie irréaliste

Nous filons maintenant à Saint-Fons, capitale de l'aspirine, dans la vallée de la chimie qui fait la prospérité de Lyon et laisse parfois traîner d'étranges odeurs d'hydrocarbures volatils, heureusement entraînées par les vents qui suivent le cours du Rhône. Nous sommes reçus par Cécile, directrice de l'Espace créateur de solidarité, qui comprend une recyclerie, un jardin partagé, une bricothèque, des services d'accompagnement du RSA et d'intégration par la culture, une accorderie, et puis une épicerie sociale et solidaire, sociale depuis une douzaine d'années, solidaire depuis deux ans.

L'épicerie sociale La Casaline permet à des habitants de Saint-Fons qui connaissent des difficultés financières d'accéder à des produits alimentaires à très bas coût (10 % du coût habituel, on s'en souvient), les économies réalisées leur permettant de se concentrer sur un projet, remboursement de dette, retard de loyer, attente de droits, recherche d'emploi. Le projet, accompagné par un travailleur social, concerne les personnes dont le reste à vivre est inférieur à 8 euros par jour, est d'une durée de 6 à 9 mois, renouvelable. Le public solidaire, lui, a accès à des produits bios et locaux, au prix habituel. Il y a environ 200 foyers bénéficiaires, qui s'approvisionnent régulièrement, et... 50 solidaires, qui viennent de temps en temps : l'épicerie n'est pas à l'équilibre, et ne le sera jamais, il faudrait 600 solidaires venant régulièrement faire leurs courses, difficile à trouver dans une localité dont presque tous les quartiers bénéficient des aides liées aux politiques de la ville.

"Une structure comme la nôtre ne sera jamais autonome, nous sommes à la limite de la délégation de service public, dit Cécile. Et une bonne part de notre activité consiste à résoudre le casse-tête permanent du financement.

Toutes les villes veulent des épiceries sociales, mais elles ne veulent pas les financer. Elles aident un peu à l'installation, et ensuite il faut avoir un projet à trois ans, et en trois ans être autonome. Il y a des subventions, mais à renouveler chaque année, et en baisse constante, en un lent grignotage depuis des années.

On nous pousse vers cette idée d'entrepreneuriat social, où l'on doit trouver un modèle économique hors subvention, et on nous conseille ingénument d'aller démarcher le privé. Alors, c'est ce qu'on fait, on passe notre temps à démarcher les fondations des grandes entreprises, qui étrangement ne demandent aucun bilan de l'utilisation de leurs fonds, à croire que le *social washing* leur suffit pour redorer leur image... mais aller demander de l'argent pour survivre, c'est un travail à part entière.

Du coup, la banque alimentaire, on ne peut pas s'en passer : c'est le seul endroit où l'on peut trouver des produits alimentaires à 15 centimes le kilo, prix fixe, quoi que ce soit. Mais si je suivais mes valeurs jusqu'au bout, je n'irais pas.

— À cause de la qualité des produits ?

— Oui. La banque alimentaire distribue des invendus, mais il faut se souvenir que ce sont des non voulus... des produits à date courte, des produits bas de gamme, des produits ultratransformés. Pour ce qui est des produits locaux, il y a quelques contrats avec des producteurs, mais l'essentiel vient du marché international, et ils ont fait pas mal de route avant d'arriver chez nous tout en bout de chaîne. Le mot de « frais » n'a plus beaucoup de sens.

— À la banque alimentaire, on nous a dit que les associations venaient choisir ce qu'elles voulaient...

— Oui, mais quand on va dans l'entrepôt, c'est avec un bénévole qui va orienter le choix en fonction des quotas, des stocks, et selon le bénévole, c'est plus ou moins libre. Mais nous n'avons pas le temps d'aller régulièrement faire le tour de l'entrepôt, alors nous commandons sur catalogue, par familles de produits, on nous prépare la palette, et quand on l'ouvre, il y a des surprises. La possibilité de choix, c'est en fait assez flou, parfois proche du copinage. Le petit Raphaël d'Épicentre, il est jeune, sympa, il sourit, il a tout ce qu'il veut. Moi pas. Mais si je me fâche avec la banque alimentaire, je n'aurai plus grand-chose dans mes rayons.

— On peut se faire virer ?

— Oui. « Ne respecte pas les clauses de la convention », ça suffit. Je voudrais qu'on puisse se regrouper entre assos, pour peser un peu, et demander comment ça se passe vraiment, dissiper cette opacité qui impose des rapports assez condescendants et paternalistes.

Par ailleurs, Cécile est présidente du Gesra, groupement d'épiceries sociales et solidaires de la région Auvergne-Rhône-Alpes, 44 à ce jour, qui visent à rendre accessible une alimentation si possible de qualité à des personnes en précarité. Ces épiceries se rassemblent sur un certain nombre de valeurs communes : accompagnement du projet de sortie de la précarité, vente des produits plutôt que don, libre choix plutôt que colis. Et là, elle nous explique les grandes manœuvres qui bouleversent le domaine de l'économie sociale.

Le prix de l'intégrité

En 2015, le statut des produits de la FEAD a changé : on ne peut plus les vendre. Ça part sûrement d'une intention louable, mais du coup les épiceries sociales et solidaires, qui ont fait le choix de la vente pour assurer un accès digne, ne peuvent plus les distribuer, ils sont réservés aux associations qui donnent des colis. Pour compenser cette perte de ressources, l'État verse des subventions à des têtes de réseau du domaine caritatif, à leur charge de les transmettre aux autres associations. Les banques alimentaires choisissent de distribuer ces subventions sous forme de produits imposés, ce qui ne laisse aucune latitude aux épiceries. L'Andes, Association nationale de développement des épiceries solidaires, est un autre bénéficiaire direct des subventions, mais choisit de les distribuer sous forme d'enveloppe financière, 12 000 euros par an pour Saint-Fons, ce qui permet d'acheter des produits sélectionnés, et donc de veiller à leur qualité. Les choses ont l'air de bien se passer, mais hélas, l'Andes fait faillite, mauvaise gestion, malversations, tribunal, et elle est rachetée par le groupe SOS de Jean-Marc Borello, acteur encombrant de l'économie sociale et solidaire. L'entrepreneuriat pragmatique arrive dans l'aide alimentaire, avec de gros moyens, des modes de gestion des ressources humaines qui n'ont rien à voir avec l'éthique d'origine de l'économie sociale et solidaire, et un soutien sans faille des politiques et des institutions puisqu'en gros SOS assure faire du social sans que “ça coûte un pognon de dingue”, idée qui plaît mais est totalement illusoire, à moins d'avoir une vision du social qui ne soit pas du tout sociale.

“Ils nous ont harcelés pour que nous adhérions à SOS, mais nous avons refusé, nous n'aurions plus aucun pouvoir, avec des modes de gestion imposés, une logique qui n'est pas la nôtre, des logiciels coûteux imposés... Mais du coup nous avons perdu des subventions compensatoires que nous versait l'Andes.

— Alors ?

— Pas facile... C'est pour ça que le Gesra est important, et qu'il faut garantir son indépendance, pour que l'économie sociale et solidaire ne devienne pas un business comme un autre, en perdant de vue les valeurs qui l'ont fondé. Mais dans le domaine de l'alimentaire, ce sont les grandes surfaces, avec l'appui des politiques, qui gèrent tout. Nous, on est des gouttes d'eau.

— Pendant les collectes, on voit des rayons entiers de produits spéciaux banque alimentaire dans les hypermarchés... Ils reversent la marge ?

— Nooon... et pas question qu'on leur impose. Par contre, c'est possible, Biocoop par exemple s'est engagé à reverser la marge des produits vendus pour les collectes. Et ça leur fait un gros boulot : il faut qu'ils installent des produits sur lesquels ils ne gagneront rien, qu'ils les passent en caisse, et qu'ensuite on revienne dans le magasin pour qu'ils les rescannent pour les comptabiliser à part... Mais ils le font, c'est possible de le faire, c'est un choix. C'est le sens de « social et solidaire » que l'on a ajouté après « économie »...

Nous essayons de diversifier nos approvisionnements, nous cherchons des produits bios, locaux, en vrac, qui sont vendus à prix coûtant au public social, et plus de la moitié en ont acheté. Oui, il y a de la malbouffe dans les cités, la grande distribution propose des calories pas chères, une satisfaction pas chère, et puis ça fait plaisir de manger mal, tout le monde le sait, le sucre et le gras, tout le monde aime ça, c'est même pour ça qu'on en produit. Mais les problématiques de santé liées à l'alimentation concernent tout le monde, elles sont connues de tous, même du public social, et quand on propose des produits de qualité, ils sont accueillis avec plaisir."

Les paradoxes de l'ESS

C'est plein de paradoxes, une structure associative ou coopérative de l'économie sociale et solidaire. C'est ambigu, un entre-deux entre générosité et calcul. La rentabilité est impossible, car on est sur un travail d'intérêt public, mais il faut sans cesse aller chercher de l'argent. Et il faut le faire sans honte, sans avoir l'impression d'être sale, de trahir les pauvres que l'on représente.

Être anticapitaliste tout en récupérant ou en gagnant de l'argent ; être un commerçant, quand même, tout en ne l'étant pas ; être chef d'entreprise tout en déléguant ses pouvoirs ; faire des heures en ne gagnant pas grand-chose… L'ESS, comme on dit, est un entre-deux qui se construit à peine et doit, déjà, s'interroger sur sa structuration, au risque, sinon, de disparaître lentement, de s'étioler sous la pression de ses contradictions encore mal assumées.

A priori, on peut être solidaire et faire du chiffre d'affaires, aider l'autre tout en gagnant un peu d'argent. Ce n'est certes pas l'objectif des fondateurs de ces structures sociales et solidaires que de s'en mettre plein les poches, il n'en reste pas moins que sans argent, on n'avance pas, même quand on veut œuvrer pour le bien commun. Alors, quand l'argent est là, quand le projet qu'on a construit fonctionne enfin et augmente chaque année le nombre de ses bénéficiaires, et donc, le volume de ses ventes, où se trouve-t-on ? Est-on encore dans un esprit social et solidaire lorsqu'on devient… un commerce presque comme un autre ? Lorsqu'on peut en tout cas être perçu comme tel par les authentiques commerçants ? Parce que le besoin social qu'on a comblé… n'est plus à combler ?

La question semble saugrenue, et pourtant, elle se pose avec insistance, et parfois avec anxiété, chez un nombre croissant de structures de l'ESS, car la limite existant entre celle-ci et l'économie classique n'est pas nette. Elle peut en conséquence être vite franchie, nous apprend Simon Chapuis-Breyton, jeune avocat au barreau de Paris, créateur du cabinet SCB Avocat. Il est un des spécialistes français de toutes ces façons différentes de créer de l'activité en pensant à l'intérêt général.

“Le souci n’est cela dit pas juridique, il est avant tout fiscal, tente-t-il de nous rassurer d’emblée. Il faut se rendre compte que la loi Hamon de 2014 – qui est bien fichue, et a permis toutes les initiatives dont vous parlez dans ce livre – n’a été qu’une première pierre, juridique. La loi a fixé un cadre réglementaire aux entreprises sociales et solidaires. Mais il manque toujours la seconde pierre…” La société n’a pourtant pas attendu la loi Hamon pour tenter de corriger d’elle-même ses propres manques. Cette loi a simplifié certaines choses, par exemple en définissant légalement la subvention, en facilitant le bénévolat par la création d’un “congé d’engagement” et la validation des acquis de l’expérience bénévole. Malgré tout, il manque une pierre fiscale, celle que Bercy aurait dû tailler pour consolider l’édifice fondé par Benoît Hamon lorsqu’il fut ministre. Les Scop, Scic, associations, syndicats, mutuelles, coopératives, fonds de dotation, entreprises adaptées (ESAT), entreprises d’insertion (SIAE) et même les sociétés plus classiques telles les SARL, SA et autres SAS peuvent désormais faire partie de la famille ESS. Sous quelles conditions ? Elles doivent affecter la majorité des bénéfices en une réserve ni partageable ni distribuable ; inclure associés, salariés et parties prenantes dans la stratégie et la gouvernance, une contrainte de toute façon un peu faible car il suffit d’un comité consultatif qui se réunit une fois par an ; elles doivent évidemment poursuivre le but d’une utilité sociale au sens défini par l’article 2 de la loi Hamon – lutter contre l’exclusion, travailler à la cohésion territoriale, aider les personnes fragiles, etc. ; et enfin elles ne peuvent faire du développement durable qu’associé au social.

Ce dernier critère est logique, car l’écologie et le social vont de pair, mais pour le coup il est très limitatif, nous fait remarquer Me Chapuis-Breyton : “Du recyclage de déchets alimentaires, par exemple, ce n’est pas du social au sens de la loi, c’est purement du développement durable, alors que ça fait les deux.” Notre avocat plaide pour modifier cet article 2 de la loi Hamon afin que l'ESS se transforme en "économie sociale, solidaire et environnementale." Ce qui est indirectement le champ d'action des groupements d'achat qui privilégient le local, le bio et les bonnes pratiques agro-environnementales.

Mis à part ces quelques aspérités, l'ESS version juridique est à peu près claire.

Ça l'est peut-être moins pour les associations, qui constituent environ 80 % des acteurs de ce domaine. D'après la loi, celles-ci doivent vendre des produits qui répondent à un besoin peu ou pas couvert par le marché, à un public particulier, défavorisé au sens où il n'a pas ou peu accès aux produits en question ; et à un prix nettement inférieur à ce qui se fait ailleurs à qualité égale, le tout, avec un minimum de publicité – laquelle ne doit pas cibler la clientèle non défavorisée des entreprises traditionnelles. "C'est la règle dite des 4P [produit, public, prix, publicité], qui justifie que les associations ne sont pas assujetties aux impôts commerciaux, tels que la TVA, le CET [l'ex-taxe professionnelle] et l'IS [impôt sur les sociétés]. Pourtant, un groupement d'achat sous forme associative fait bien des achats, il fait des actes de commerce, et il est souvent concurrentiel avec des établissements déjà présents, alors pourquoi deux entreprises, l'une en association, *a fortiori* en ESS, l'autre non, qui travaillent sur des domaines proches seraient-elles fiscalement traitées de façon différente ?" Une bonne question dont la réponse est sujette à interprétation. D'autant qu'une association à but non lucratif peut quand même avoir une activité commerciale, c'est le cas de Vrac Lyon (voir postface), qui est assujettie à la TVA et aux impôts sur les sociétés. Rien n'est simple.

Menace fiscale ?

Dans la loi Hamon, l'entreprise sociale et solidaire doit s'occuper de besoins qui ne sont pas couverts par le marché. Précision : ce n'est pas parce que pas mal de Scop et de Scic exercent dans le domaine de l'ESS qu'elles y sont statutairement liées. Certes, ce sont des coopératives, dont les salariés sont les associés majoritaires et détiennent au moins 51 % du capital social (et 65 % des droits de vote), le dirigeant est élu par ceux-ci et le profit est réparti équitablement : cela fait d'elles des structures sociales et solidaires, de n'importe quelle taille... qui peuvent effectivement travailler dans n'importe quel secteur. Scop ou autre, l'entreprise de l'ESS a une utilité reconnue par la loi, celle de se charger des carences du système capitaliste. Elle bouche les trous. Il lui revient tout ce qui n'a aucune rentabilité selon les normes comptables traditionnelles.

Prenons le cas d'une Amap. "Il n'y a pas de vente directe entre les agriculteurs et les adhérents de l'association – non lucrative –, mais tout de même une mise en relation qui permet indirectement aux premiers, qui sont des sociétés commerciales – lucratives –, de se faire une clientèle, de s'assurer un écoulement de leur stock de produits. Ce sont donc des relations privilégiées qui pourraient en l'espèce être fiscalisées. L'administration fiscale tolère, mais pour combien de temps ?" Ce n'est pas rassurant. Bercy considère pour l'instant qu'il n'existerait de relation privilégiée qu'à partir du moment où l'agriculteur ferait partie de l'association. Alors les impôts et les taxes tomberaient.

Mais revenons-en à une épicerie sociale et solidaire qui tourne bien. Elle pourrait être considérée par les discounters alimentaires ou les distributeurs de produits bios comme un concurrent déloyal, car elle vend des produits pas chers, bios, en payant moins de charges. Quelle est la limite de l'exercice ? À partir de quel moment s'éloigne-t-on des canons de l'ESS, ou, simplement, du statut associatif, quand est-on dans le domaine du simple commerce ? "Il suffirait d'une réponse ministérielle, la doctrine en la matière doit s'affirmer." Bercy doit parler. Me Chapuis-Breyton tend l'oreille depuis un moment déjà. Voici ce qu'il nous propose, en attendant : "Il faut que la doctrine s'affine, aujourd'hui elle dit qu'une association de promotion de l'industrie métallurgique ou une association de mutualisation de moyens pour un cabinet médical, c'est la même chose qu'une Amap. Ce n'est pourtant pas le cas : pour rester dans le domaine de l'ESS, il faudrait considérer que les gens qui bénéficient d'une relation « privilégiée » fassent partie eux-mêmes de l'économie sociale et solidaire." Bref, que les fournisseurs d'un groupement d'achat soient eux-mêmes en ESS ou en association. Pourtant, la loi identifie bien l'utilité sociale, le besoin non couvert auquel répond une association. Mais elle est susceptible d'interprétation par l'administration fiscale, d'où l'appel, et l'attente, de Me Chapuis-Breyton.

Du jour au lendemain, une épicerie sociale et solidaire comme celles que nous avons visitées pour ce livre peut se retrouver fiscalisée sous prétexte de ses relations commerciales particulières, ou de l'inadéquation de sa réalité économique avec les attendus de l'ESS. Cela fragiliserait les plus importantes, comme La Cagette à Montpellier, les condamnant presque toutes à un choix difficile : mettre la clé sous la porte, ou, après apurement des dettes fiscales, se transformer en une structure plus banale ?

Peu importe, après tout, si l'on rêve un peu : à mesure que l'ESS se développera dans le secteur alimentaire, les carences dont les groupements d'achat s'occupent n'en seront plus. Elles iront alors s'occuper d'autres choses, laissant au secteur commercial le soin de continuer ce qui ne sera plus leur combat. *A priori*, fiscaliser après un moment les entreprises sociales et solidaires n'est pas stupide, car cela signifierait que la délégation de service opérée par l'État par la défiscalisation n'aurait plus lieu d'être. L'État ne fait jamais de cadeaux, une niche fiscale ou une défiscalisation correspond toujours à de l'argent qu'il ne peut ou ne veut investir, qu'il laisse en conséquence à celles et ceux qui veulent bien agir. Dès lors qu'il constate qu'il n'y a plus lieu de laisser faire d'autres, il est légitime qu'il cesse cette délégation de l'action. En pratique, pourtant, tout ceci n'est pas clair, Bercy reste donc suspendu tel une épée de Damoclès au-dessus des entreprises militantes.

Le risque du changement de génération…

Il est temps que cela change. Que les structures sociales, solidaires (et environnementales !) soient sécurisées. Car la Terre tourne, et elle tourne vite depuis 2014. De même que dans l'ensemble du monde associatif qui connaît un afflux de jeunes qui veulent bien bosser pour l'intérêt général, mais sans confondre leur vie avec celle de la planète, c'est-à-dire sans y consacrer tout leur temps pour trois fois rien ; de même qu'un nombre croissant de start-up sont créées par d'anciens élèves des écoles de commerce pour répondre à l'intérêt général (l'application Yuka par exemple), "il existe une nouvelle génération d'entrepreneurs, plutôt issue des milieux aisés, qui dit vouloir avoir un impact positif sur la planète et la société. Ils veulent aller vers « plus de sens, sans y perdre leur chemise »." Un changement démographique, sociologique et philosophique : "Il n'y a pas de bonne ESS et de mauvaise ESS, comme disent les pionniers, ceux qui étaient dedans avant que ça ne devienne la mode. Ils râlent face aux nouveaux, mais en fait il y a confusion : ce n'est pas pour les mêmes raisons que les gens se tournent vers l'ESS, aujourd'hui. Les jeunes sont nettement plus individualistes – ils veulent avant tout se sentir bien dans leurs projets, alors que les gens d'avant étaient dans une logique collective", pense Me Chapuis-Breyton. Il faut conserver ce côté collectif, tout en faisant évoluer la doctrine de l'ESS et la philosophie associative afin que l'argent et le temps passé ne soient plus considérés comme des sujets tabous.

La Terre tourne, elle a conduit le gouvernement à innover, avec les “entreprises à mission”.

… et celui des entreprises à mission

Elles font peur aux pionniers de l’ESS. Portée par la loi Pacte de 2018, adoptée le 11 avril 2019, cette nouveauté permet par une simple modification statutaire (et un vote en assemblée générale des actionnaires, plus un organe de suivi et une évaluation des actions) à une entreprise de s’identifier une “mission” d’intérêt collectif ou général, ni trop large, ni trop précise. C’est l’article 1835 modifié du Code civil : “les statuts [de la société] peuvent préciser une raison d’être, constituée des principes dont la société se dote et pour le respect desquels elle entend affecter des moyens dans la réalisation de son activité”. En comptabilité, cette mission permet de créer plus de charges, donc de diminuer son niveau de fiscalisation dès lors que l’entreprise démontre que ces dépenses nouvelles sont liées en réalité à sa mission. “Normalement, quand on a des dépenses non motivées par une logique commerciale, on ne peut les déduire de l’assiette fiscale, alors que maintenant, avec ce nouveau statut d’entreprises de mission, c’est *a priori* possible.” Associer de la sorte la recherche de performance économique à une finalité d’intérêt collectif, c’est sans doute plus simple que de modifier complètement la structure juridique d’une entreprise afin qu’elle devienne une ESS.

La création de l’entreprise à mission marque une évolution de la pensée économique, qui commence à considérer la valeur que représente ce qui en a peu, en France – la nature, les gens, le long terme. Cette modification statutaire peut aussi donner du poids à un patron qui souhaiterait s’opposer aux oukases de ses actionnaires : aujourd’hui, justifier un investissement qui ne dégage que 2 % de rentabilité (la moyenne dans les groupements d’achat) est difficile face à des conseils d'administration et des assemblées générales habitués au 8, 10, 15 % l'an. Une entreprise à mission peut justifier de faire très peu de marges, c'est quand même une avancée importante. Et le patron peut désormais s'appuyer sur cette mission pour faire taire les actionnaires mécontents. D'après Me Chapuis-Breyton, cela arrive plus souvent qu'on ne l'imagine.

Mais cela pourrait faire reculer les entreprises de l'ESS, à la fois parce qu'elles pourraient se trouver en concurrence face à des grosses structures qui seraient devenues "à mission", en raison aussi de l'appétit des jeunes diplômé(e)s pour un modèle de vie moins destructeur : ceux-ci et celles-là pourraient naturellement commencer par créer une entreprise à mission, histoire de voir si le projet leur convient, et en oublier, le cas échéant, de créer ensuite l'entreprise ESS classique qu'ils avaient au départ envisagée.

"Oui, décidément, il faut que Bercy légifère. Il faut une fiscalité intéressante pour les sociétés commerciales qui acceptent de mettre en place des critères de lucrativité limitée (pourquoi les Scic peuvent ne pas payer d'impôts sur les bénéfices mis en réserve, alors que les entreprises commerciales qui font la même chose paient des impôts ?), il faut permettre aux entreprises classiques travaillant pour l'intérêt général de pouvoir bénéficier de dons en exonération de droits de mutation [taxés à 60 %, quand ils sont déclarés]."

Le temps de l'ESS est-il révolu ?

L'ESS est devenue un marché qui pourrait demain se passer des groupements d'achat. Des carences sociales pourraient de la sorte être comblées, au prix sans doute de la perte de l'esprit militant qui habite les animateurs des structures actuelles. La rançon du succès : disparaître, parce qu'on a semé les bonnes graines, accepter que d'autres fassent la récolte. *In fine*, c'est le consommateur qui décidera parmi la profusion de structures existantes. Entreprises estampillées ESS, associations, entreprises à mission, le choix s'élargit alors que la société revendique les circuits courts et le moindre impact social, sanitaire et environnemental. Il reste à l'État à consolider ses règles fiscales afin qu'elles soient enfin précises, claires et justes pour tous. Et aux entreprises de l'ESS à être vigilantes : ces règles peuvent changer très vite, comme d'ailleurs les normes comptables qui, un jour conféreront une valeur aux "aménités" qui n'en ont pas telles que l'amélioration de la santé des plus pauvres par l'amélioration de la qualité des aliments qu'ils achètent. Les multinationales comme LVMH sont en train de mettre en place une comptabilité environnementale, une distribution de la biodiversité entre actif et passif. On peut imaginer que demain, la grande distribution puisse faire de même en considérant la diminution de ses marges sur certains produits comme un investissement dans la lutte contre l'obésité.

Tout cela est bien compliqué. Un peu gênant. Les entreprises se mettent progressivement à ressembler aux associations tandis que ces dernières, à qui on demande de plus en plus de financer leurs actions par des activités commerciales – la réponse à des appels d'offres par exemple en lieu et place des subventions autrefois pérennes qui disparaissent progressivement –, se rapprochent du modèle économique de l'entreprise. De la loi Hamon à la loi Pacte, les frontières ont commencé à s'estomper, dans un flou entretenu par le gouvernement et l'air du temps libéral qui, au nom du principe de concurrence libre et non faussée, estiment que le secteur concurrentiel doit pouvoir investir le "marché" de l'intérêt général. Un flou assez dense pour le Haut Conseil à la vie associative (HCVA), qui avait été saisi sur ce point par Gabriel Attal, secrétaire d'État chargé de la vie associative, et a, dans son rapport du 2 juillet 2019 ("Rôle et place des associations dans le contexte des nouveaux modèles d'entreprise. Comment répondre aux défis sociétaux ?"), posé la question suivante : "Comment les associations peuvent-elles préserver leurs spécificités, leur mode de gouvernance et leur gestion désintéressée, tout en poursuivant leurs missions au profit du plus grand nombre ?" Posée en ces termes, l'équation paraît impossible à résoudre. Plus loin, le HCVA fait l'analyse suivante : "... vouloir à tout prix concilier performance économique et utilité sociale, saurons-nous encore dans quelques années opérer une réelle distinction entre « entreprise sociale », « entreprise à mission », « association », « fondation » et « fonds de dotation », entre « activités lucratives avec un but social ou environnemental » et « activités non lucratives et d'intérêt général », entre « don/générosité » et « investissement » ? Dans une course effrénée à l'innovation associée à l'impact, saurons-nous encore financer les projets non innovants mais indispensables au maintien et au développement du lien social ?"

Pessimiste, le rapport propose "qu'une réflexion de fond soit engagée sur ce thème de la concurrence afin de parvenir à une formulation de la doctrine fiscale qui fasse que dans un certain nombre d'hypothèses, la concurrence qui ne se confond pas, tant s'en faut, avec l'intérêt général, lui cède enfin la place", et demande aux pouvoirs publics "d'utiliser toutes les marges que lui laisse le principe de subsidiarité pour reconnaître le caractère spécifique des services rendus par les associations sans but lucratif dans leur dimension d'intérêt général et leur caractère essentiellement local, peu susceptibles d'impacter la concurrence au niveau européen, lorsqu'il s'agit d'appliquer les règles du droit communautaire".

L'ESS doit déjà se renouveler peu de temps après sa formalisation, c'est à la fois le signe d'une bonne santé et la menace du chant du cygne.

L'argent, ce mal si nécessaire

Un chant qui a le bruit de l'argent. Un problème commun à toutes les associations, celles qui s'occupent d'environnement en particulier.

Me Chapuis-Breyton fait un constat attristant : "Un des défauts de l'ESS, c'est la course à la vertu. On se sacrifie pour les autres, on n'est pas dans le système, on montre qu'on n'a pas d'argent même quand on en a." L'argent, c'est sale, alors on reste volontairement petit, on s'affiche plus pauvre qu'on est et dès lors que, malgré tout, l'argent arrive, on a l'impression de perdre son âme. Et puis la structure même de la gouvernance des entreprises sociales et solidaires, qui est une force et une garantie de bonnes pratiques, peut finir par devenir une grande faiblesse : il y a un moment où des conseils d'administration trop nombreux, trop disparates, empêchent de prendre des décisions rapides pour défendre l'intérêt de l'entreprise. "Cela va loin, cette idée que l'argent salit tout dès lors qu'on prétend faire le bien. Car cela limite les rémunérations des dirigeants qui ont fondé, portent tout et défendent l'entreprise. Certes, il est logique que le patron d'une ESS ne gagne pas des sommes indécentes, au regard de l'objet social de l'entreprise. Mais tout travail mérite salaire et il n'est pas indécent de bien gagner sa vie, même quand on aide les autres."

La loi fixe bien les limites : les entreprises de l'ESS doivent "avoir une politique de rémunération respectant deux conditions : la moyenne des sommes versées, y compris les primes, aux cinq salariés ou dirigeants les mieux payés ne doit pas excéder un plafond annuel fixé à sept fois le Smic et la rémunération versée au salarié le mieux payé ne doit pas excéder un plafond annuel fixé à dix fois le Smic." Cela laisse de la marge, toutefois, en pratique, les salaires sont très bas, et souvent, ils sont aidés par des réductions ou des exonérations de charges. "La plupart des entreprises de l'ESS sont dans ce cas de figure. Car la plupart sont de petites associations, en manque chronique d'argent. Quelqu'un qui en monte une, s'il veut être salarié, devra faire des bricolages avec la réglementation afin de monter un conseil d'administration plus ou moins fictif, avec à sa tête une présidence qui l'embauchera comme directeur… aux trois quarts du Smic – soit 1 140 euros brut, 940 euros net –, sinon, l'association perd beaucoup d'avantages fiscaux et le droit de bénéficier de dons." Me Chapuis-Breyton imagine que ce critère de la "gestion désintéressée" devienne moins rigide, et qu'on relève la limite à une fois et demie le Smic. Un salaire que bien des associations seraient incapables de payer.

7

EN FINIR AVEC L'AIDE ALIMENTAIRE

On l'a vu durant ce périple, l'aide alimentaire fonctionne mal. Elle peine à sortir de l'urgence, elle est un guichet plus qu'un hall d'entrée menant à de multiples couloirs bien fléchés. Nous l'avons vu, entendu et lu, dans le domaine de l'aide alimentaire, il y a une grande cascade de laisser-faire. Chaque acteur fait son boulot dans son coin, sans trop de coordination avec les autres. La charité implique de donner, alors on donne, sans vraiment se demander si, comme le dit le vieil adage répété à tout bout de champ, mais visiblement sans qu'on l'écoute, il ne vaudrait pas mieux apprendre à pêcher plutôt que tendre la main pour espérer un bout de poisson d'origine douteuse.

Dans notre système alimentaire organisé par la grande distribution et la surproduction agricole, l'aide est une boucle de recyclage et de réutilisation des denrées invendues, invendables et périmées, elle est conçue ainsi, elle coûte moins que ce qu'elle rapporte en réduction de coûts de destruction, alors elle perdure gentiment. Cette logique économique conduit à injecter dans le système des produits bas de gamme qui ne trouveraient pas de clientèle autrement. On les fait même produire exprès, oubliant à l'occasion les fondamentaux nutritionnels, voire sanitaires. Les acteurs de l'aide alimentaire les achètent ou les prennent, et les distribuent, par routine : puisqu'on suppose que l'acteur suivant est demandeur, on n'intervient pas, on transmet sans regarder, aucun obstacle n'est mis à la diffusion des produits ultratransformés dont on sait qu'ils sont toxiques, et on ne pose pas la vraie question : pourquoi produit-on ça ? Opaque, car trop riche d'acteurs plus ou moins désintéressés, le système de l'aide alimentaire a placé dans une situation ambiguë les banques alimentaires qui en sont le centre.

Elles ont finalement un rôle étrange de résorption des surplus, quels qu'ils soient. Ce qui n'est pas contradictoire avec l'esprit caritatif, qui conduit spontanément à penser que "lorsqu'on a faim on ne choisit pas", alors qu'en France la faim n'est pas le problème central, et que "si c'est donné, eh bien, on dit merci". Un état d'esprit qui dissimule la situation véritable, celle d'un système alimentaire qui ne profite qu'à ceux qui en profitent, les distributeurs, comme la crise sanitaire l'a démontré de façon frappante. Tout est bon pour écouler de la merde, produisez, produisez, il y aura toujours une solution, les pauvres. C'est une clientèle rendue captive par ses revenus et l'absence de choix. Un rêve de marketeurs.

Un rêve que des gens veulent briser en réformant en profondeur l'aide alimentaire.

Un droit plutôt qu'une aide

Enfonçons le clou : quand il y a menace de déchets alimentaires, c'est ou le compost, ou le méthaniseur, ou le ventre du prolo. Lui qui en faisant son potager a durant la gloire industrielle française largement contribué à la dépollution des sols des corons, gavés de métaux lourds rabattus par les fumées d'usines, se retrouve aujourd'hui dans un rôle comparable, à éviter que le système ne s'intoxique sous ses monceaux de surproductions. Sans les pauvres, le gâchis serait partout. En fait, non, car selon le langage administratif, ils sont bien évidemment des citoyens, mais d'un genre particulier : ils sont... bénéficiaires.

De quoi ? De pas grand-chose, en tout cas au regard de ce qu'ils nous rapportent.

"Bénéficiaire", voilà un mot que réprouve Magali Ramel, juriste spécialisée sur la question : "C'est très marqué, ça cantonne à un rôle qui ne participe pas aux prises de décisions, à quelque chose de passif, je préférerais le terme d'« usager », mais surtout pas celui d'« ayant droit », qui serait catastrophique car il n'y a finalement aucun droit à bien manger, en France." Il y a bien un droit à l'alimentation reconnu par l'ONU. Il date de 1996 et prend racine dans les programmes de lutte contre la faim et la malnutrition des années quatre-vingt. "Mais ce droit est encore très malthusien : il est fondé sur comment on arrive à produire suffisamment pour répondre aux enjeux alimentaires. Donc augmenter la production, et donc, soutenir les agriculteurs." Or, ce n'est pas tout à fait la même chose de nourrir les pauvres en augmentant la disponibilité agricole ou bien en améliorant l'accès à l'alimentation. D'un côté, on fait de l'agronomie et de l'économie, de l'autre du droit et du règlement. "En fait, il faut développer une approche par les droits de l'homme... même en France qui concentre tout sur l'aide alimentaire... alors qu'il s'agirait plutôt de penser à un approvisionnement centré sur les besoins des personnes." Chez nous comme un peu partout dans le monde, force est de constater que l'aide alimentaire est conçue comme devant répondre à une situation d'urgence : mais c'est une urgence qui dure, quantitative, qui favorise l'offre, en conséquence l'industrie, et qui crée une dépendance à la fois de la part des donneurs et des receveurs.

Concrètement, cela veut dire quoi, une aide alimentaire fondée sur les droits de l'homme ? Sans doute est-ce une aide qui permet de retrouver les fondements de l'alimentation : le plaisir et le partage. "Oui, elle devrait être globale : des jardins potagers, des restaurants communaux, mais aussi des aides financières sur les cantines, il y a plein de formes possibles." Se voir donner un colis alimentaire à emporter chez soi n'est peut-être pas en soi la meilleure façon d'apporter une aide aux gens qui en ont besoin. Car même de qualité, le colis sera toujours un don qui marquera l'échec social au moment où on le posera sur la table, sous le regard de sa famille ou, pis, sous celui de la télé quand on est seul dans sa misère. Une bonne aide alimentaire ne commencerait-elle pas par la promotion de son partage ?

L'assiette en partage

“Il faudrait restructurer l'aide alimentaire pour qu'elle aille vers l'accompagnement : les gens viennent parce qu'ils ont faim, mais ce n'est pas que ça”, poursuit Magali Ramel. Les gens viennent chercher du réconfort, parler, se rassurer. Les chercheurs ont observé la même chose à propos des jardins potagers : à l'étonnement de certains, les personnes à qui des villes ont alloué quelque lopin mettent en avant la volonté d'être avec d'autres, bien plus que l'intérêt alimentaire. Manger, c'est partager. Le lien social vient des papilles.

L'assiette en partage est fondamentale pour que l'individu au fond du trou voie encore un peu de lumière. “Le plaisir autour de la prise des repas est une dimension largement mise en avant, en particulier dans la culture française. Mais la précarité fragilise ce rôle pour une personne en grande pauvreté et se nourrir va souvent être au contraire une source de tensions, c'est une préoccupation et un stress quotidien. Le rapport à l'alimentation est souvent plutôt lié à la survie qu'à la recherche de plaisir. L'isolement et la solitude ainsi que des situations de santé altérée (diabète, maladies chroniques) viennent aussi créer des tensions autour des repas. Cette souffrance morale et la perte du plaisir autour de l'acte alimentaire sont renforcées par la peur et la culpabilité qu'ont les parents de ne pas pouvoir offrir à leurs enfants une alimentation suffisante et de ne pas remplir leur rôle nourricier. Finalement, c'est une situation de « mal-manger » qui est décrite du fait de la précarité.” Qui fait tourner le cercle infernal de la honte. Je suis ce que je mange, je suis ce que je donne à manger, alors qui suis-je quand même la confection ou, simplement, l'offre d'un repas est angoissante de par son indignité ? Quand on finit par ne plus se rendre aux invitations, faute de pouvoir les rendre à son tour ? De partage la nourriture devient isolement alors même que les sociologues remarquent à quel point le lien social créé par le repas pris en commun est pour les personnes les plus fragiles parfois plus important que le contenu de l'assiette. Alors, il faut revoir l'aide alimentaire en ce sens.

Dominique Paturel, chercheuse à l'Inra, travaille sur cet aspect de la chose : "J'ai étudié les Gilets jaunes, sur les ronds-points. C'est fascinant de voir que systématiquement, à toute heure, ils brûlent des palettes pour faire griller des saucisses. Pas des courgettes. Que la saucisse soit cramée et mauvaise pour la santé, ce n'est pas la question : ce qui importe est que le barbecue sauvage crée et maintienne le lien entre eux." Qu'on ne vienne pas leur parler de nutrition ou de véganisme. "Le matraquage de messages ne fait que renforcer la séparation d'avec ceux qui créent les messages, et entretient le préjugé social que, décidément, les pauvres ne savent pas manger." Des messages qui servent avant tout la différenciation sociale, abonde la philosophe de l'environnement Valérie Chansigaud.

Après tout, pourquoi les pauvres n'auraient-ils pas le droit de manger mal, sciemment ? Magali Ramel abonde : "Vous remarquerez que c'est uniquement chez les familles pauvres qu'on va regarder le contenu du frigo. Tout jugement de valeur sur un bien inaccessible est considéré comme une violence sociale."

Temps perdu, et retrouvé

Dans un rapport remis en décembre 1982 à Michel Rocard, alors ministre du Plan et de l'Aménagement du territoire, au titre désespérément d'actualité – "Enrayer la reproduction de la grande pauvreté" –, Joseph Wresinski écrivait ceci : "Il existe un profond malentendu entre notre société et ses travailleurs les plus défavorisés. Notre société voit des besoins non couverts ; les pauvres veulent que leur contribution soit prise en compte. [...] Le malentendu sur la nature de la pauvreté a entraîné un malentendu sur les solutions. L'assistance est considérée comme un plancher. Il n'en est rien : elle ne garantit pas d'échapper à la faim, au froid, à la destruction des liens familiaux. Et si elle ne garantit pas la couverture des besoins, c'est parce qu'elle traduit un refus de la contribution des pauvres et non une volonté de les insérer. De ce fait, elle est inacceptable, tant pour le contribuable qui n'en voit pas la contrepartie que pour les bénéficiaires qui sont humiliés quand on répond par la soupe populaire à leur espoir d'appartenir à la société de l'informatique."

Près de quarante ans plus tard, on en est encore à poser le même constat. Ce que nous avons ressenti puissamment à Soumoulou, ce que Magali Ramel et Dominique Paturel écrivent et disent, n'est donc pas nouveau. Jacques Chirac avait fait sa première campagne présidentielle victorieuse sur le thème de la fracture sociale, qui n'a jamais été aussi profonde. Rien ne change, alors que tout devrait, vu que le constat est clair depuis deux générations. C'est peut-être que la société, inconsciemment, n'a pas envie que ça change : les pauvres ne devraient-ils pas rester à leur place de mendiants ?

Non, la société commence à changer son regard, sans doute parce que la pauvreté gagne partout. Changer, mais ne pas imposer. Jamais. Inciter. "Je travaille en ce moment sur le PAT [Plan alimentation territorial] de la communauté d'agglomération Terres de Lorraine [qui englobe Toul]. On part des préconisations des personnes, on ne veut pas penser pour elles, on veut faire du collectif, on aimerait que les personnes prennent conscience qu'elles ne sont pas seules." Sur le site web de la communauté de communes, le PAT en élaboration est inscrit sous le titre "Se nourrir lorsqu'on est pauvre". Le territoire fait l'objet d'une expérimentation par ATD Quart Monde depuis 2016. Un conseil multipartenarial et un laboratoire d'usage ont été mis en place. Le premier doit suivre, orienter et évaluer le projet de PAT grâce à un collectif d'organismes (associations, collectivités, CCAS, centre social), de producteurs et d'usagers ; le second expérimentera en compagnie des usagers de l'aide alimentaire et des citoyens. Avec ce fil conducteur, ce socle de la réflexion : "Il faut considérer que la précarité fragilise tout.

Alors il faut réfléchir globalement. Quels circuits d'approvisionnement, quelles conditions d'accès, quelles places dans les prises de décision, quelles considérations des personnes ? En espérant que les réponses amènent à l'autonomie alimentaire, qui est le vrai enjeu." Le droit de se nourrir soi-même dans la dignité... c'est le credo de Magali Ramel. Cela semble être celui aussi d'une épicerie sociale et solidaire de la banlieue – aisée – parisienne.

Une épicerie jolie

En une demi-heure de RER nous avons le temps d'en voir, des tours, des barres, des zones pavillonnaires, le moutonnement infini de l'Île-de-France, des arbres, des parcs parfois, des noyaux urbains ébauchés où les trains s'arrêtent, et puis des tours, des barres, des pavillons, les hangars des commerces géants, les boîtes colorées des entreprises, les voies rapides saturées d'automobiles. Nous filons vers le sud à travers les Hauts-de-Seine, le département le plus riche de France hors Paris, mais d'après ce que l'on voit défiler par la fenêtre du train, la richesse est inégalement répartie, La Défense est loin, nous allons à Antony.

Dans cette Île-de-France totalement conurbée, la notion de ville est assez théorique, on passe de l'une à l'autre sans solution de continuité, sans remarquer la limite, une ville est ici le découpage sur plan d'un secteur de banlieue, le domaine de compétence d'un conseil municipal. Mais on verra que cela a un effet réel d'être dans une ville ou dans une autre, d'être d'un côté ou de l'autre de ce tracé imprimé sur la carte, invisible au sol.

À Antony, de hautes tours surplombent la gare du RER, diverses voies de circulation partent vers on ne sait où, une vieille dame pimpante nous indique le chemin, la rue des Jardiniers qui s'incurve entre les pavillons alignés, et nous arrivons au centre commercial miniature, édifice de béton bas où sont rangées des boutiques, poste, boulangerie, restaurant asiatique, bar à terrasse sous des platanes, l'avenue est passante, derrière s'élèvent d'autres tours.

Ma P'tite Échoppe a la façade sobre, quand même en orange et vert anis mais sans la floraison désordonnée d'affiches, d'annonces et de dessins façon enfant qui fait reconnaître de loin l'établissement alternatif. Ici, non, c'est sobre et élégant, et dedans, sur des étagères de bois blond aux finitions soignées, s'ouvre un extraordinaire rayon de fruits et légumes, tous bien rangés, bien dodus, brillants mais pas toc, comme un marché d'abondance qui donne envie d'y passer avec son panier en inventant de délicieuses recettes au fur et à mesure de ce que l'on découvre. Cela peut paraître futile, mais c'est assez rare pour être mentionné : fraîcheur, design et mise en valeur sont souvent un peu délaissés dans le monde du commerce alternatif, où l'on préfère par principe l'être au paraître, et où ce que l'on sait, ou croit savoir, de la qualité des produits suffira, ou suffirait, à les faire acheter.

Un lieu de vie agréable

Fanny nous reçoit, avec deux jeunes stagiaires qui ne diront pas grand-chose, ils ne sont là que pour quelques semaines, et puis Fanny est joyeusement bavarde, nous de même, difficile pour eux d'en placer une. Dans cette jolie boutique bien éclairée est disposée une grande boîte en bois clair et fenêtres, comme une pièce intérieure, c'est là que nous nous installons. C'est simple, confortable, chaleureux, une très grande table, des chaises autour, de quoi cuisiner, du café : "C'est là qu'ont lieu les ateliers", dit Fanny. Car Ma P'tite Échoppe, ce n'est pas qu'une épicerie, c'est un lieu de vie avec, entre autres, un magasin. Cette salle des ateliers, 100 mètres carrés sur les 250 au total, a été placée sciemment au milieu, bien visible, malgré les protestations de certains des bénévoles qui voyaient l'espace de vente se réduire. Mais la demande sociale qui guidait la conception de Ma P'tite Échoppe n'était pas qu'un besoin de commerce, c'était aussi un désir d'animation, de rencontres, de liens, et de lieu pour se retrouver. "Alors nous avons construit de façon à répondre à tous.

— Vous avez fait comment pour évaluer la demande ?

— Nous sommes ouverts depuis début 2019, mais le projet est en route depuis 2015... Les quatre ans que nous avons passés, c'était quatre ans de réflexion, de consultations, de coconstruction, pour que le projet, une fois lancé, tienne vraiment la route."

Fanny est présente depuis le début, et elle ne va pas tarder à partir maintenant que l'épicerie est lancée. Elle était là pour créer, créer quelque chose ici, elle ira ensuite ailleurs, elle se voit plus développeuse que gestionnaire, et c'est dans l'accompagnement de projets qu'elle se sent le plus compétente. Après des études de développement agricole durable, elle a été animatrice de réseau au Secours catholique, elle s'occupait des problèmes d'alimentation dans les Hauts-de-Seine. En 2015, elle est chargée de projet : créer quelque chose à Antony, qui corresponde aux valeurs prônées par le Secours catholique : rupture avec le caritatif distributif, participation de tous, mixité sociale, réappropriation de l'alimentation par les consommateurs. Il existait déjà une épicerie solidaire à Antony mais dans un quartier trop embourgeoisé pour toucher un public précaire. Pendant deux ans une réflexion va avoir lieu, financée par le Secours catholique. Des projets sont visités partout en France, jusqu'à une participation au forum social mondial de Montréal. Chaque mois, des apéros-projets sont organisés pour rassembler des volontaires, au départ pour moitié bénévoles et pour moitié bénéficiaires selon la nomenclature des épiceries solidaires, pour élaborer le projet, travailler sur les talents de chacun, penser les modes de gouvernance, établir les valeurs communes.

Social et alimentaire

On peut trouver ça lent, deux ans passés à discuter, en ces temps pressés où l'on prône les "mesures très concrètes" et où l'on affecte de détester le bla-bla, au profit de l'action. Mais si on vise le long terme, si on vise une efficacité réelle et durable, la précipitation est une catastrophe. Le plus beau, le plus ambitieux des projets peut capoter lamentablement sur l'inévitable facteur humain. Dans ce domaine où l'on invente d'autres façons de faire, les gens viennent pour des raisons différentes, et il faut élaborer un socle commun de valeurs sur lesquelles tout le monde se retrouvera, et construire le projet d'une façon suffisamment solide pour qu'il soit plus fort que les gens, qu'il ne dépende pas de la bonne volonté de chacun, certes admirable mais pas toujours fiable sur le long terme. Dans un milieu caritatif où parfois "faire du bien aux gens qui ont besoin" est censé suffire à tout, de telles lenteurs peuvent être difficiles à faire passer. Mais sans fondements clairs auxquels on peut à tout moment se référer, sans mode de gouvernance bien pensé, au moindre conflit tout saute, et le projet disparaît. Le management, terme vague que l'on pourrait traduire par gestion de l'humain, est l'un des points les plus importants de l'économie sociale et solidaire : s'il n'y a pas de hiérarchie pour régler sans discussion les rapports humains, il faut trouver en permanence des façons d'agir ensemble.

"C'est quoi, ces valeurs ?

— Construire un projet fondamentalement collectif. C'est un projet politique, une mise en œuvre réelle de la démocratie. Il y a bien au départ une fondatrice, missionnée par une institution, mais elle est destinée à s'effacer, son départ est programmé dès le début. Dans le groupe tel qu'il est destiné à durer, pas de clivage chefs/exécutants, pas de différence entre bénéficiaires et bénévoles : tout le monde est adhérent, tout le monde est bénévole pour que la structure fonctionne, le travail est partagé, délégué, la gouvernance se fait par prise en compte du point de vue de chacun. Notre caractéristique, c'est notre mode de gouvernance, qui est collectif et participatif. Le principe est d'être horizontal, pas pyramidal. Utopique ? Et alors ? Les valeurs le sont toujours, et doivent l'être. Elles sont concrètement portées par neuf coprésidents et par un noyau de bénévoles très solide : rien n'est personnalisé.

L'autre valeur importante est la mixité sociale, si difficile à réaliser, mais si indispensable à la bonne marche d'une société. Dans la quinzaine de volontaires qui se rassemblaient au départ, cette mixité existait, et puis au cours des apéros-projets successifs, le groupe s'est étoffé mais surtout de personnes sans difficultés économiques, désireuses de s'engager dans un projet associatif et caritatif. Ce qui est bien sûr indispensable, mais pas suffisant, cela réintroduit ce clivage bénévole/bénéficiaire. Mais il est difficile de mobiliser les gens précarisés : très vite, ils pensent que le projet n'est pas pour eux, la précarité produit justement de l'isolement et de la désaffiliation, dont il est difficile de sortir. Le principe même de l'apéro-projet, si simplement évident en apparence, introduit déjà un biais social, qui fait venir ceux qui effectivement sont venus : des bénévoles militants venus aider les autres. Il est beaucoup plus difficile d'atteindre ceux qui pourraient s'aider eux-mêmes."

Le soutien des élus

"Une fois le projet élaboré, il fallait trouver un lieu, et penser le modèle économique. Nous sommes alors en 2017, le quartier Pajeaud semblait bien adapté : une petite galerie marchande, une avenue passante entre tours et pavillons, un accès facile par bus et RER. Pour démarrer, il fallait trouver des financements : 400 000 euros. Ils viendront de la Région, de la mairie, du Secours catholique, de fondations comme celle de la Macif ou du Crédit coopératif. La mairie a racheté dans la galerie marchande un local fermé depuis sept ans. Il y eut bien une crainte de concurrence avec le Leader Price voisin, mais le groupe « acheteurs » a enquêté sur les souhaits des adhérents, les a comparés à ce que proposait Leader Price, et ils n'ont trouvé que 4 % de références communes : grande distribution et épicerie sociale et solidaire n'empiètent pas l'une sur l'autre. Mais coïncidence, la semaine de l'ouverture de Ma P'tite Échoppe, Leader Price a fait une série d'énormes promotions… Mais dans cette petite galerie marchande, ouvrir une nouvelle enseigne ne crée pas de concurrence, cela crée plutôt du flux, qui profite aux deux.

La mairie a participé à la rénovation du local et le loue à l'association à un prix très raisonnable, selon une convention d'occupation précaire. Pas mieux, malgré les demandes de l'association, sans doute pour ne pas se ligoter, mais tant que la volonté politique est là, cela suffira. Les travaux sont effectués avec le choix de faire beau, et ce beau sera aussi la caractéristique de tous les supports de communication : le site, le petit film de présentation, les logos, et même la carte d'adhérent. La communication, ce n'est pas rien si on veut durer, et une petite agence de com s'en est chargée, financée par le Secours catholique, et a élaboré toute la charte graphique dans des ateliers participatifs avec les bénévoles. Dans le caritatif, il y a beaucoup de moche, du hangar désaffecté, des lieux précaires, des locaux récupérés, et faire beau c'est rompre avec ça, c'est promouvoir un accès digne au commerce alimentaire. Et il est aussi nécessaire que le public non précaire, celui qui paye le prix, se sente bien. La militance a ses limites, et pour être durable Ma P'tite Échoppe doit être un vrai magasin, pour que le possessif, ce « Ma », signifie vraiment quelque chose."

Ne pas être éthique à tout prix !

"Ma P'tite Échoppe est là pour répondre aux envies des gens du coin, dit Fanny. Alors on n'est pas éthique à tout prix, on propose de tout, des produits de base et des marques, des surgelés et aussi des produits de qualité, bios et locaux, que l'on essaie de rendre accessibles. On met le paquet sur les fruits et légumes que l'on veut très frais, ce qui est un gros boulot de présentation, de gestion du stock et des invendus. Mais nous sommes assez fiers d'avoir un beau rayon frais.

— Vous vous fournissez où ?

— Pour le bio, chez de grosses structures comme Valbio ou Pronatura, pas chez les producteurs parce qu'ils n'ont pas la capacité de fournir du frais au quotidien. Pour le non-bio, à Rungis. Le groupe « acheteurs » a un contact, un négociant à qui on passe des commandes et qui assure la livraison. Certains fournisseurs de produits bios voient d'un mauvais œil que leurs produits côtoient des produits non bios, mais nous tenons à ce qu'il y ait de tout sur les mêmes rayons, qu'il n'y ait pas des rayons pour pauvres et des rayons pour riches. Par contre, nous n'avons pas de produits de la Banque alimentaire, parce qu'on n'est pas vraiment libres du choix, et que la qualité n'est pas toujours très bonne.

— Vous avez des exigences de qualité ?

— Oui. Sur l'origine, et la saisonnalité. Récemment nous avons eu des fraises, en février, et nous n'étions pas très contents...

— Vous ne les aviez pas commandées ?

— Les négociations avec les acheteurs de Rungis ne sont pas toujours simples..."

Ce petit bémol nous laisse perplexes, mais en déjeunant ensuite avec Bruno, l'autre salarié qui est responsable de la gestion du magasin, nous comprenons. Il nous raconte les approvisionnements, les livraisons, Rungis, la petite entreprise familiale de négoce avec laquelle il traite, et avoue un jour "avoir craqué sur les fraises", tout s'explique. Bon, ça montre que le travail est délégué, que la fondatrice ne se mêle pas de tout, que l'éthique est globale mais pas maniaque ; et à la fin les fraises ont toutes été vendues.

"Et... ça marche, l'épicerie ?

— Oui... nous avions prévu 300 adhérents pour la première année, avec un objectif de 900 à cinq ans. Nous sommes ouverts depuis quatre mois et nous avons déjà 800 adhérents. Par contre, le chiffre d'affaires n'est pas au niveau attendu : nous le prévoyions à 540 000 euros sur l'année, et pour l'instant c'est très en dessous. Nous en sommes à 65 000 euros cumulés sur les quatre mois, ce qui ferait dans les 200 000 euros à la fin de l'année...

— Quatre mois après l'ouverture, ce n'est pas significatif...

— C'est ce que nous espérons. Nous avions été un peu optimistes sur le panier moyen : nous le prévoyions à 30 euros et il n'est que de 17 euros. Il y a beaucoup de passages, 500 par semaine, mais certains n'achètent que du frais. Et puis il y a les prix réduits. En fonction de leur reste-à-vivre établi par les travailleurs sociaux, certains adhérents ont droit à un prix réduit : à moins de 5 euros par jour, c'est 10 % du prix, de 5 à 12 euros, c'est 30 % du prix, avec des plafonds de 30 ou 65 euros par semaine sinon ce ne serait pas supportable économiquement pour l'association. Le budget annuel est de 650 000 euros, qui de toute façon ne pourra pas être couvert par le chiffre d'affaires de l'épicerie. La différence correspond à des subventions, du CCAS et du Secours catholique."

On n'est pas là pour nourrir les pauvres...

"L'accès à l'alimentation, ça se finance", rétorquons-nous aussitôt, parce que c'est la conclusion que nous tirons de cette enquête que nous poursuivons aux quatre coins de France, et Fanny est tout à fait d'accord, il lui semble que Ma P'tite Échoppe fait ici le travail des institutions, une sorte de délégation de service public pour repriser le tissu social. La lutte contre la précarité a un coût. Mais l'association est un peu inquiète de ces résultats décevants, ce qui crée des tensions entre l'économique et le social, qu'il est toujours difficile de faire tenir ensemble. De là l'intérêt d'un socle de valeurs solides qui permet de faire les bons choix au moment des difficultés. Et heureusement, la mairie a une vraie vision de l'économie sociale et solidaire.

"Tout le monde peut venir acheter, ou seulement les adhérents ?

— Tout le monde, et c'est même la majorité des clients qui ne sont pas adhérents.

— Mais ça sert à quoi d'être adhérent ?

— À participer au projet, à participer aux ateliers qui ont lieu ici, anglais, cuisine, zéro-déchet, sophrologie, etc., et même papotage, puisque de nombreux adhérents souhaitaient un lieu pour se retrouver. Ce sont les bénévoles qui assurent ces ateliers, il y a 80 bénévoles qui permettent au lieu de tourner. Et puis la carte d'adhérent permet de passer en caisse, et donc de bénéficier immédiatement des tarifs réduits sans avoir une carte spéciale : tout le monde a la même, tout le monde est adhérent, les différences sont calculées par la machine.

Sur les 800 adhérents, c'est environ 60 familles qui ont droit aux tarifs réduits ; rapportées aux 250 à 300 foyers en précarité à Antony c'est une proportion importante. Parmi ces adhérents qui ont droit à l'aide alimentaire gratuite, beaucoup préfèrent venir ici, choisir et payer, plutôt que de recevoir gratuitement un colis. Ce qui n'a pas empêché certaines associations qui distribuent l'aide alimentaire de nous demander de leur communiquer la liste de nos adhérents, « de façon qu'il n'y ait pas de doublons », disaient-ils pudiquement, mais il s'agissait surtout que les pauvres ne reçoivent pas trop, qu'ils « ne mangent pas à tous les râteliers », tant est fort ce fantasme du caritatif punitif, qui craint comme la peste que les pauvres « profitent ». J'ai dit que j'en parlerai à nos coprésidents. Mais nous sommes dans des positions très différentes : nous ne sommes pas là pour « nourrir les pauvres », mais pour que les gens précarisés retrouvent leur dignité. J'ai entendu des adhérents nous dire qu'ils étaient heureux de pouvoir enfin consommer du bio, du frais, comme tout le monde. « Chouette ! On a retrouvé l'anonymat ! », disaient-ils." On ne se rend pas assez compte de l'importance symbolique de l'acte d'achat, et du poids que constitue le recours à un caritatif qui serait seulement distributif : choisir et payer, même une fraction du prix, dans un magasin normal, client banal parmi les clients banals, c'est se raccrocher à ce lien social qui justement échappe quand on est dans la précarité, et qu'il est si difficile de ressaisir une fois qu'on l'a lâché. Bien sûr, cela coûte : les tarifs réduits sont à la charge de l'association, et le travail nécessaire est effectué par des bénévoles. Ma P'tite Échoppe, association autonome, partenaire du Secours catholique, n'a que deux salariés : Fanny, qui cherche les financements, et Bruno, qui gère le magasin. Il faut donc que les institutions qui permettent à l'association d'exister ne se désengagent pas. "L'équilibre économique n'est pas pour nous un objectif", dit Fanny. L'objectif, c'est le projet collectif, c'est la dignité de tous, c'est la durabilité du projet. Il y a de l'argent public dans ce projet ? Eh bien, c'est un bon emploi de l'argent public. "Et de toute façon, ajoute-t-elle, si tu es à l'équilibre, tu as loupé quelque chose." Il faut se souvenir que le modèle économique de la plupart des ONG, c'est la levée de fonds.

Remettre les gens dans le circuit

Quelques jours plus tard, nous avons appelé l'élu qui suit Ma P'tite Échoppe au conseil municipal d'Antony. Le coup de téléphone sera rapide mais dense, l'élu a un rendez-vous avant, un rendez-vous après, il a un agenda chargé. Il nous explique que c'est important pour la mairie de soutenir un projet ouvert à tous, à la fois épicerie, atelier, lieu d'accompagnement social. Les tarifs 10 % et 30 % sont subventionnés, c'est une politique de soutien à la pauvreté. C'est coûteux, c'est 100 000 euros par an, puisqu'une famille au tarif 10 % va coûter 2 500 euros par an.

"Bien sûr, on ne veut pas subventionner *ad vitam aeternam*, poursuit l'élu d'une voix ferme : le but est la remise des gens dans le circuit. On ne veut pas que les pauvres s'abonnent : on assure donc un accompagnement pour sortir de la précarité, l'accès aux tarifs préférentiels a une durée limitée, fixée dès le départ, six mois. Avec cette association que nous soutenons, nous faisons un choix politique de solidarité, dans le sens du « bien vivre ensemble ». Pour ça, un lieu d'accueil, de partage, de mixité sociale, où l'on peut trouver des produits de base comme les produits de qualité, c'est important pour la ville." L'essentiel est dit, l'élu raccroche et part à son rendez-vous suivant.

Antony n'est pas une commune pauvre, les Hauts-de-Seine ne sont pas un département pauvre, il y a ici les moyens de financer un projet social, encore faut-il en avoir la volonté politique. Et ici, à Antony, il y a cette tradition sociale d'accueil et de soutien, aux migrants, aux réfugiés, aux pauvres, tradition due au choix qu'ont fait les maires qui s'y sont succédé depuis Patrick Devedjian.

Finalement, ce n'est pas indifférent d'être dans un secteur de banlieue ou un autre, d'être dans une ville ou une autre, puisque selon là où l'on est, les choix municipaux ne sont pas les mêmes, les volontés ne sont pas les mêmes. *There is no alternative,* disait l'ultralibéralisme thatchérien, devise qui s'est si profondément implantée dans tous les discours politiques que cela laisse croire que c'est une loi naturelle. Il y a différents choix possibles, réaffirment inlassablement les différents acteurs du monde caritatif. Ici, on le voit.

L'aide alimentaire 3.0

Ma P'tite Échoppe a tout l'air d'être exemplaire. Voici en effet un lieu d'aide qui n'est pas misérable : il n'inspire pas la pitié. On y entre sans pénitence, comme dans un magasin normal, et même, comme dans une boutique à la mode. Au départ, la tête un peu baissée, sans doute, mais quand on a fait ses courses, on ressort de la boutique le port bien droit car on a été flatté. Parce qu'on a été considéré pour ce que l'on est, un consommateur, non comme un bénéficiaire des minima sociaux. Rien de vulgaire dans l'excès ni, au contraire, dans la modestie. Rien qui renvoie l'image de la pauvreté dans laquelle on se trouve. Ce lieu est digne car il respecte la pudeur de chacun. C'est assez rare pour être souligné et surligné.

Caressé par les couleurs, les lumières et l'agencement, le regard non agressé se promène sans heurts et se pose là où il veut. C'est très apaisant. Du coup, l'acheteur déambule sans honte ni diligence, tout heureux de constater qu'il est ici comme un autre. Il peut consommer de jolis produits sans en avoir les moyens, mieux, sans qu'une décoration minimaliste et un agencement de hangar lui fassent remarquer que cette générosité coûte à d'autres : faire ses commissions sans la gêne de devoir porter la commisération des bienfaiteurs, cela permet de respirer dans une vie où il faut se contraindre dès le début du mois. Cela dit, dans les grandes surfaces traditionnelles on est aussi considéré comme "normal" par un choix démesuré et des prix parfois très bas, mais c'est un normal souvent de bas de gamme, qui n'est accessible qu'après avoir déambulé dans des rayons où l'offre est parfois irrésistible. Et puis dans des lieux aussi impersonnels, il y a le regard des gens à la caisse, sur ce que vous mettez sur le tapis, il y a leur impatience quand la machine refuse votre carte bleue et le regard désabusé de la caissière lorsque vous payez avec plein de petite monnaie. Dans une petite boutique, qui plus est celle-ci, on vous connaît un peu, on sait vos moyens, vous ne risquez pas de subir l'affront du dévoilement accidentel de votre intimité sociale.

La réussite apparente de Ma P'tite Échoppe prouve que l'on peut faire du social sans en avoir l'air. Qu'il est possible de venir en aide aux démunis sans leur rappeler ce qu'ils nous doivent par une décoration et une offre tout aussi démunies. Bravo ! L'initiative née à Antony marque une rupture avec l'habituel misérabilisme, avec la pitié routinière héritée de la bourgeoisie du XIXe siècle qui aimait à donner la pièce en faisant la leçon au nécessiteux. Cela n'a pas beaucoup changé, avec la bourgeoisie traditionnelle de droite et celle, faussement ouverte, de gauche. Ma P'tite Échoppe modernise l'aide alimentaire, son originalité interroge sur l'évolution même du système de l'aide alimentaire.

Prendre le meilleur d'Uber et de Meetic

Une autre modernité est à rechercher dans le numérique. Ne permettrait-il pas de se passer enfin de la grande distribution, du système alimentaire traditionnel ? Comerso (chapitre 3) parvient à optimiser les invendus d'une grande surface. Peut-on utiliser des outils semblables pour faire sans elle ?

L'algorithme, l'intelligence artificielle peut *a priori* rendre plus efficace l'aide alimentaire. Or, comme la plupart des structures visitées durant ce tour de France, Ma P'tite Échoppe s'approvisionne directement auprès de fournisseurs. Les outils numériques pourraient-ils lui faciliter la vie, ainsi que celle de tous les groupements d'achat et circuits courts ? La réponse est oui. Les outils qui ont fait le succès des start-up façon Comerso, et surtout celui des géants de l'Internet qui, aujourd'hui, fragilisent la santé économique de la grande distribution, sont exactement les mêmes. Dans l'absolu, ils pourraient aussi servir aux groupements d'achat et aux associations pour se passer complètement des start-up, des grands magasins, de la Banque alimentaire, et se fournir à un nombre plus important de producteurs et de petits transformateurs. Lesquels, de par l'absence d'intermédiaires, y trouveraient leur compte en n'abandonnant pas (trop) de leur valeur ajoutée.

Cette hypothèse n'en est pas une pour l'une des défricheuses de cette "alimentation 3.0", comme elle la nomme, Myriam Bouré. Fondatrice d'Open Food Network, une plateforme collaborative en

Open Source, qui relie producteurs, détaillants, transformateurs et consommateurs dans un "marché paysan virtuel", une "économie alimentaire locale résiliente". Soutenue en France par la Fondation Macif (une mutuelle) et l'inévitable Fondation Daniel & Nina Carasso, Open Food Network est une manière de démultiplier les circuits courts ou les Amap par le biais de l'Internet. "On cherche un modèle disruptif à la Uber !" (ou Meetic, finalement, c'est la même chose). Pas dans le mauvais sens de la révolution introduite par le géant du VTC pas cher – celle de la concurrence des uns par la précarisation de tous –, mais dans celui d'une rupture brutale d'avec un système essoufflé qui a fini par s'effondrer d'un coup parce qu'un système alternatif était là, plus simple, en apparence plus juste. "Aujourd'hui, n'importe qui peut devenir producteur de légumes, et devrait pouvoir vendre sa production. C'est compliqué. N'importe quel agriculteur devrait aussi pouvoir vendre à n'importe quel consommateur sur le Net." Ce que fait Amazon, pourquoi chacun de nous ne pourrait-il le réaliser ? Certes, il n'y a pas 70 millions de producteurs de fruits et légumes en France. Il faut de l'espace, du temps et de l'énergie. C'est fatigant, le jardin. Mais comme l'a démontré la sociologue de l'Inra Yuna Chiffoleau, c'est par le jardin que des gens écrasés par la crise de 2008 ont pu s'en sortir, en vendant leurs surplus en direct ou sur les marchés. C'est sur leur exemple que des agriculteurs en mal de trésorerie ont commencé à produire un peu autre chose, qui des œufs, qui des salades, pour les vendre en direct. En réponse à l'appauvrissement, les circuits courts, longtemps étouffés par la grande distribution, sont réapparus avec la crise. Et encore plus durant la crise sanitaire.

Pour un web marchand décentralisé

Penser les multiplier par le numérique n'est donc pas une idée sotte. "L'idée est de créer des sortes de hubs alimentaires qui seraient gérés par des groupements de producteurs, ou bien des groupements de consommateurs, ou encore par des intermédiaires, avec une société qui gère le tout en transparence", comme Open Food France. Non virtuels, les hubs physiques existent déjà, ce sont les drives fermiers, les magasins de producteurs, les Amap, les supermarchés coopératifs, et bien entendu les marchés, les ventes à la ferme et les groupements d'achat. Des hubs en ligne comme La Ruche qui dit oui, Ah la Vache ou encore Le Bon Sens fonctionnent aussi fort bien. "C'est une question de big data. La preuve, Monsanto et Google ont investi massivement sur des bases de données géantes du monde agricole américain. Mais ce sont des structures centralisées." Myriam Bouré met le doigt sur le cœur du problème : "Aujourd'hui, un producteur qui veut vendre ses fromages ou répond à des appels d'offres pour les cantines doit saisir ses données sur de multiples interfaces. Pour chaque vente possible, son site de vente, son logiciel et son interface. En plus, le producteur doit aussi décider par avance quelle part de sa production il va dédier à tel ou tel circuit car il n'a pas les moyens de suivre son stock de façon dynamique." Bref, vente directe ou en magasin, groupements d'achat sociaux et solidaires ou hypermarchés, tout est fait, volontairement ou non, pour maintenir le producteur dans les filets de relations obligées, tant la complexité de la saisie des données est grande. "Si l'on veut changer cela, il faut passer de la logique de silos de ce web centralisé, à celle du web distribué. C'est-à-dire mettre en place des plateformes interopérables comme Open Food Network, grâce auxquelles le catalogue du producteur peut s'afficher sur n'importe quel site de vente en ligne", et inversement, le web distribué permettant aussi aux sites de vente en ligne, et aux simples consommateurs, de savoir qui peut fournir quoi, quel que soit son ordinateur, son téléphone ou son logiciel.

"Comment pousser un catalogue d'une plateforme à l'autre, comment gérer les stocks de manière synchrone, comment simplifier la gestion des bons de commande, c'est ce qu'on essaie de faire." La logique d'Uber et de Meetic, en effet, celle que tentent également de mettre en place les professionnels de la logistique dont le credo est “Vous avez à livrer ça ici, vous n’avez pas besoin de savoir comment, nous, on s’en occupe.” La transparence totale inhérente aux applications sur smartphone.

À cette différence près que les logisticiens ont encore des pudeurs à partager des camions entre concurrents, pour des raisons de confidentialité, et ce, en dépit de leurs recherches d’économies de carburant et d’émissions de carbone, désormais bien intégrées à leur activité.

Le numérique s’arrête au camion de livraison

Preuve que le maillon faible de ce système alimentaire 3.0 est le même que celui de l’ancien monde : la distribution, physique. Numériques ou bien réels, les modèles butent tous sur la même montagne : la logistique. “C’est vraiment le goulet d’étranglement qui empêche la montée en puissance et les gains d’efficacité et, pour l’instant, aucun acteur sur le marché n’a encore trouvé de réponse à cet enjeu.” Myriam Bouré espère en l’efficacité du numérique pour résoudre ce problème : en ayant connaissance en temps réel de ce qui est proposé sur le marché, de ce que veulent les clients, en quelle quantité, de l’état des routes, de la météo, du volume disponible chez tel ou tel transporteur, on peut en effet imaginer que le numérique facilite le transport de la marchandise. Avec un système aussi simple que celui proposé par Open Food Network, il est raisonnable de se dire que se faire livrer son panier de fruits et de légumes de la semaine par quiconque est aussi facile que de se faire envoyer une cafetière par Amazon. En pratique, dans un système qui interconnecte des milliers d’acteurs sans passer par un centre de tri hébergé par un entrepôt géant, c’est très compliqué. Il s’agit d’ajuster en temps réel l’offre et la demande de produits alimentaires… à l’offre et la demande de transport, qui dépend des transporteurs, de la météo, de l'état de la circulation et de la voirie. UberEats et Deliveroo y parviennent, mais à l'échelle uniquement de zones très denses, et à quel prix social ! Celui de la création d'un sous-prolétariat qui est le plus susceptible d'aller grossir les rangs des bénéficiaires de l'aide alimentaire. Concurrencés eux aussi par Amazon qui a les moyens logiciels d'optimiser son transport, les logisticiens traditionnels n'ont toujours pas réussi à trouver la parade. Comme le gaz et le train, les marchandises ne peuvent pas aller partout. Il faut à un moment ou un autre massifier si l'on ne veut pas voir les coûts (et les émissions de gaz à effet de serre) s'envoler.

Cette alimentation 3.0 est déjà là, avec des start-up telles que Comerso et Open Food Network. Elle est limitée par le principe de réalité – le camion – et par sa virtualité même qui fait craindre une appropriation des données. Elle est porteuse de beaucoup d'espoir, car on ne voit pas comment, sans le numérique, sans le big data, contourner efficacement les réseaux traditionnels afin de développer réellement toutes les formes de circuits courts. Qui gérera les données ? Qui en assurera la confidentialité, le respect des usages ? Qui empêchera que les géants du Net se les approprient et les détournent ? Les mêmes questions que se posent chaque jour les logisticiens !

"On essaie d'œuvrer pour la reconnexion entre producteurs et consommateurs, pour la décentralisation du système en soutenant l'émergence d'une myriade d'acteurs, producteurs, artisans de transformation, magasins de quartiers indépendants, groupements d'achat, Amap, micromarchés, etc. Pour nous, la réappropriation par les citoyens des Communs de production et de distribution alimentaire permet de réellement s'attaquer aux causes premières du gaspillage alimentaire. Ce ne sont pas les élus politiques soumis à l'influence de lobbys fortunés qui chercheront à diminuer le pouvoir des grandes entreprises pour le redistribuer dans les mains des citoyens. C'est aux citoyens eux-mêmes de construire ces Communs, de les multiplier, de favoriser les coopérations entre tous ces Communs, la mutualisation, le partage de bonnes pratiques, construisant ainsi un nouveau système alimentaire, par et pour les humains, respectueux de la nature, éthique, durable, rendant ainsi l'ancien système propriétaire obsolète. Pour cela, les infrastructures numériques offrent des opportunités nouvelles. Il devient plus aisé grâce au numérique de s'organiser collectivement, pour coordonner des projets à l'échelle locale, développer des circuits courts, et construire ensemble, producteurs et consommateurs, les nouveaux Communs de notre alimentation. Des Communs qui assurent ainsi la transparence de la fourche à la fourchette et contribuent à reconstruire la confiance dans ce que nous mangeons."

Les Communs, ce sont des ressources matérielles et immatérielles gérées par des communautés qui en bénéficient. Par l'alimentation, par l'aide alimentaire, Myriam Bouré pense pouvoir les mettre en œuvre en "disruptant" le système global. Une étape majeure dans ce qu'elle appelle de ses vœux, la démocratie liquide, limpide parce qu'aux mains de millions d'acteurs responsables et impliqués qui peuvent à tout moment entrer en relation les uns avec les autres.

CONCLUSION

Il nous faut vous avouer quelque chose. Un soir, nous avons trop mangé et beaucoup bu. C'était après avoir passé la journée avec des très pauvres. Des personnes qui ont du mal à manger dignement, pour qui quelques euros, surtout en fin de mois, ça compte. Nos ordinateurs, téléphones, enregistreurs et appareils photo devaient ensemble valoir plus que les revenus annuels de la plupart. Ces gens que personne ne voit, Gilets jaunes à perpétuité, nous les avions vus et ils nous avaient imperceptiblement obsédés. Pour nous en départir, nous avons au restaurant commandé plus que de raison. L'excès est toujours révélateur de ce qu'il cache : une stratégie de protection, sans doute. Ça n'est pas simple de se confronter avec l'autre côté de soi-même, avec ce que nous aurions pu être si nous étions nés ailleurs, si nous avions eu d'autres parents, si nous n'avions pas fait de longues études, si nous avions affronté de gros accidents de la vie, si nous avions bénéficié de moins de chances et d'opportunités. C'est encore plus difficile de ne pas lâchement s'abandonner à ces deux autres stratégies de protection que sont la commisération plaintive et la rationalisation intellectualisante. Oh, qu'elles sont bien malheureuses ces victimes propres et dignes qui ne pourront s'en sortir sans mon aide ; ah mais ces gens-là sont pauvres parce qu'ils n'ont fait que prendre les mauvaises décisions... Tout a une explication logique. Ce n'est pas naturel de voir le pauvre comme un semblable, tant il nous fait peur.

On peut espérer que la crise sanitaire nous l'aura fait considérer sous un autre jour. Car ce dont nous nous sommes tous plaints durant le confinement, c'est de vivre nos vies habituelles, privées de sorties, sans dépenses autres que l'essentiel. Le peuple de la vie confortable a râlé parce qu'il n'a plus pu se rendre au restaurant, aller voir un film au cinéma, assister à une pièce au théâtre, visiter une exposition, boire un verre au bistro. Mais qui, en France, avant la crise, sortait autant ? Les urbains des plus grandes villes et les étudiants. Les autres, et ils sont nombreux, ces 20 % de Français qui, gagnant peu ou prou le Smic, n'ont pas vraiment assez de largesse pour dépenser le week-end et les soirs de la semaine en menus et tickets d'entrée. Ceux-là, le confinement ne les a pas beaucoup perturbés, d'autant que le télétravail ne les a pas vraiment concernés : les gens qu'on nous a demandé d'applaudir ne travaillent pas dans des métiers que l'on peut exercer à distance.

Mais pour les autres, ce fut un calvaire biblique. Être interdit de librairie durant le mois et demi du second confinement, quel malheur, c'est à cela que l'on mesure l'infinie dureté des temps et la dérive fasciste de la République. La crise aura été un jeu de rôle de taille nationale : enfermés chez nous, nous avons collectivement joué aux pauvres. Beaucoup ont même gagné des niveaux en expérimentant la descente de gamme alimentaire à mesure que leurs revenus se décomposaient. Certains, des centaines de milliers, ont gagné : n'avoir plus rien arrive très vite, et alors, il ne reste plus que l'aide alimentaire.

Désigner les dealers

Une autre chose nous a ouvert les yeux. La maladie déclenchée par le virus chinois en a rencontré une autre, l'obésité. Elle a bien peuplé les salles de réanimation : partout dans le monde, près des trois quarts des malades présentant les manifestations les plus graves du Covid étaient des gens trop gros, souvent, en plus, diabétiques ou avec des insuffisances respiratoires et cardiaques. Les jeunes morts du virus dont les médias ont fait des messes de peur collective étaient presque tous obèses. Pourquoi alors avoir tant insisté sur l'âge comme facteur de risque ? Pour ne pas voir l'essentiel : en disant l'âge, on ne dit rien que l'on ne sait déjà ; plus on avance, plus on est fragile, plus on risque de tomber malade, alors qu'en montrant les ventres trop ronds on dévoile l'état réel de notre société dont la pandémie d'obésité a rencontré depuis longtemps l'épidémie de la pauvreté. C'est bien plus dérangeant. Car le surpoids, le diabète, le syndrome métabolique sont des maladies provoquées par le stress, l'inactivité physique, les perturbateurs endocriniens, et avant tout, la déstructuration de l'alimentation. Manger n'importe quand une majorité de mets fabriqués dans des usines est un stress qui perturbe la physiologie et l'écosystème intestinal. Le virus n'a fait qu'appuyer sur une gachette armée par la malbouffe.

Avec une toxine qui rend le cerveau très vorace, le sucre archiraffiné. Le dealer est bien identifié : l'industrie agroalimentaire. Gavant de pub les médias, omniprésents dans les distributeurs automatiques et en tête de toutes les gondoles, les fast-foods, vendeurs de pizzas surgelées, fabricants de snacks, de sodas et de plats préparés arrosent le cerveau de ces quelques molécules qui sous IRM agissent d'une façon comparable à l'héroïne, l'alcool, la cocaïne et la méthamphétamine. Et pour être bien assurés que l'addiction s'installe pour longtemps, les gentils industriels ajoutent du gras au sucre, ainsi, dans le cerveau, le signal d'activation du circuit de la récompense est-il amplifié. Coupée et pas chère, la drogue va droit au ventre des gens les moins riches en capital financier et social, qui se trouvent être également les plus soumis aux stress de la vie quotidienne. Et puisque l'obésité modifie la composition de la flore intestinale, elle s'installe, s'amplifie, modifiant la physiologie comme une tumeur capte à elle le réseau sanguin. La discrimination sociale achève le travail. Ne recevant plus que des regards écœurés, sollicitée par la publicité et le marketing, la personne en surpoids se replie sur le réfrigérateur. Le crack alimentaire.

Arrivée au point où elle doit solliciter l'aide des autres, elle est nourrie par la malbouffe fabriquée pour la FEAD et de ce que les dons lui imposent. Plus le choix que de dire merci, avec la satisfaction, décidément, de participer doublement à la fluidité de la grande aventure alimentaire : non seulement la pauvreté métabolise le mauvais gras et le mauvais sucre produits en masse par l'industrie, mais en plus elle a la gentillesse de recycler ce qui autrement finirait à la benne. Le pauvre est un double marché, un triple même, quand on songe à la pauvreté des temps industriels qui recyclait gratuitement les sols gavés de métaux lourds des corons en mangeant les légumes des potagers. La pauvreté nous rapporte, finalement, et nous coûte si peu. Les études conduites par Esther Duflo ont montré que les aides sociales ne coûtaient pas un pognon de dingue au regard du maintien des nécessiteux dans la société de consommation. La preuve : avec elles, ils peuvent s'acheter des lasagnes à 1 euro ! Et puis la prix Nobel d'économie a montré qu'augmenter les aides sociales ne rendait pas leurs bénéficiaires fainéants, bien au contraire. Le péché d'oisiveté est un fantasme qui ne se démode jamais chez les gouvernants. Enfin, dans nos pays européens où l'on ne paie pas pour se soigner, les maladies dont l'état de pauvreté favorise l'apparition sont un marché en pleine croissance.

Mais attention, pas d'amalgame. Car il n'y a pas que les malheureux qui mangent des saloperies. L'Observatoire du snacking (ça existe, c'est une œuvre conjointe du géant Mondelez – un “acteur engagé pour le snacking responsable” – et du Crédoc) nous apprend dans la seconde édition de son “État des lieux, caractérisation et évolutions des prises alimentaires hors repas”, parue en 2020, que les grands snackeurs sont en fait les plus diplômés, ce sont des cadres et des professions libérales. Ils ne culpabilisent pas et leur IMC ne s'en ressent guère, on respire à la lecture de cette étude fondamentale. L'image du snacking est ainsi sauvée.

Contrôler le foncier ?

La pauvreté est dégueulasse. Elle a toujours existé, il est impossible de l'éradiquer car il y aura toujours des gens qui ne pourront pas subvenir eux-mêmes à leurs besoins. Le problème est qu'elle est figée dans un système qui la fait grossir sans lui permettre de bouger. Les aides sociales empêchent de se noyer, tandis que l'aide alimentaire évite de souffrir de la faim. Le malade est perfusé, plâtré, il peut à peine bouger. Tout effort lui coûte tellement qu'il finit par renoncer, d'autant qu'on lui demande chaque jour pourquoi son état ne s'améliore pas. Le malade est responsable de son sort, son médecin se contente de le maintenir fonctionnel. Degré de liberté zéro. Le choix est interdit. Difficile de s'en sortir.

Évidemment, la façon la plus simple de modifier en profondeur l'aide alimentaire serait de traiter le problème à la racine : qu'il n'y ait plus personne pour la réclamer ! Éradiquons la pauvreté ! Un vœu aussi réaliste qu'interdire le chômage, la guerre et la tétraplégie. En revanche, rien n'interdit de la prévenir ni de l'atténuer. L'idée dont tout le monde débat aujourd'hui est celle du revenu universel. Elle est simple : avec 800 euros par mois versés à chaque Français dès qu'il a dix-huit ans, il n'y aura plus personne à zéro. Adieu, la pauvreté ! En réalité, cette idée est simplette, car si tout le monde touche au moins 800 euros par mois, il n'y aura plus aucun locataire insolvable, alors les loyers augmenteront, et puis les prix. C'est un paradoxe vu maintes fois, par exemple à propos des premiers crédits d'impôt pour la transition énergétique (CITE) institués il y a une quinzaine d'années. Comme par hasard, le prix des chaudières, des pompes à chaleur et des ouvrants à double ou triple vitrage ont augmenté et avalé en grande partie l'aide de l'État. Un revenu universel ? S'il est adossé à un encadrement des prix de l'immobilier, premier poste de dépense des Français, qui depuis trente ans augmente beaucoup plus vite que les revenus, pourquoi pas. Si, aussi, il ne se substitue pas à la totalité des aides sociales qui, par un tour de bonneteau dont Bercy a le secret, nous ferait prendre une générosité nouvelle pour un simple rhabillage.

On y vient, tout de même, tout doucement, à la maîtrise du marché de l'immobilier, à la socialisation du foncier. Les élus prennent conscience de la raréfaction de l'hectare à viabiliser, à mesure qu'il coûte de plus en plus cher, que la société réclame une agriculture tout aussi productive mais sans plus abîmer la planète et que l'État prétend imposer de ne plus artificialiser le moindre mètre carré de terre d'ici à 2050. La place est désormais comptée pour le développement urbain, il va falloir construire sur l'existant et faire en sorte que les gens ne soient pas poussés par la spéculation foncière à s'installer là où le terrain est moins cher, loin... sur des terres agricoles. Encadrement des loyers, préemption de terres agricoles pour alimenter les cantines, séparation du foncier du bâti dans le logement social comme dans le privé, la société française s'achemine comme avant elle les pays d'Europe du Nord vers un foncier tellement rare qu'il doit être considéré, là où il est le plus demandé, le plus cher, comme un bien commun. Le caractère absolu de la propriété privée auquel nous autres Français sommes si attachés est en train d'être remis en cause.

Taxer, interdire, limiter les mauvais produits ?

En attendant, pour améliorer au moins la qualité nutritionnelle de ce que nous mangeons, beaucoup d'interlocuteurs estiment que l'on pourrait taxer certains aliments en fonction de leur mauvaise qualité nutritionnelle. Beaucoup de pays le font, pourquoi pas nous ? Taxer le trop de sucre, le trop de gras, le trop d'additifs, le trop transformé ? Le produit de ces taxes financerait par exemple des chèques "alimentation saine" sur le modèle du chèque énergie, permettant d'acheter fruits et légumes. L'idée est belle, elle pourrait néanmoins être perçue comme une énième injonction qui empêche de se faire plaisir et oblige le pauvre à manger comme il faut. Pourquoi ne pas carrément interdire ? Ce serait plus courageux, et plus cohérent avec les objectifs sanitaires affichés par l'État. Mais l'État n'a pas interdit la clope... dont il ne cesse de dire les méfaits. Il y a plein d'autres possibilités. Limiter le conditionnement des sodas et des bières en canettes à 25 cl, et non à 50 cl. Imposer une réduction du taux de sucre, de gras et d'additifs – en s'assurant que cela ne soit pas compensé par l'introduction de nouvelles molécules à la toxicologie mal connue. Interdire en tête de gondole et près des caisses les produits les plus dégueulasses pour l'organisme. Visité par l'extase durant son hospitalisation covidienne, Boris Johnson a retenu cette dernière idée, parmi beaucoup d'autres : la publicité à la télévision, mais aussi en ligne pour les produits ultratransformés, sera bientôt interdite avant 21 heures, le Premier ministre britannique a lancé une étude relative à sa suppression pure et simple pour les fast-foods. C'est très courageux dans un pays qui mange moins qu'il ne se remplit de malbouffe à longueur de journée. Boris Johnson a également annoncé l'interdiction des promotions du type "deux pour le prix d'un" pour les aliments trop gras, trop sucrés, trop salés. Durant sa convalescence, il a fait le lien entre la vague d'obésité qui submerge son pays et les records de mortalité du Covid.

Le levier de la cantine

Revenons un peu à l'idée du chèque alimentaire. Une idée pas très neuve, car largement utilisée dans beaucoup de pays, au premier rang desquels on trouve les États-Unis. Une idée qui fait son chemin à mesure que les pudeurs s'estompent, car il y a un côté humiliant à recevoir un chèque pour manger. Chacun y va de sa vision : chèque ciblé sur certains produits, ou sur certaines provenances, ou sur certains publics, il y a de tout. Mais comment vérifier que les chèques alimentaires ont bien été utilisés pour acheter les bons produits, les bonnes provenances ?

Sous quelque forme que soit le chèque alimentaire, le but serait double. Améliorer la qualité de la "diète" des Français démunis, comme disent les chercheurs, tout en augmentant les revenus des agriculteurs et transformateurs qui s'engageraient à travailler mieux, en leur assurant *via* les chèques un marché captif. Ces chèques seraient ainsi distribués de manière à soutenir une agriculture locale répondant à des cahiers des charges particuliers. Décidément, le ventre des pauvres est bien utile. En plus de recycler les invendus, il deviendrait le levier de la transition de l'agriculture vers les pratiques agroécologiques territoriales pilotées par les collectivités locales. Un rôle sans doute un peu lourd à porter si rien n'est fait pour que les gens se sortent de leur pauvreté et deviennent autonomes. Et puis, autant aller jusqu'au bout, en faisant en sorte que toute l'agriculture soit comme cela, et ne fournisse plus que des produits qui ne soient pas issus d'un sol et d'animaux travaillés n'importe comment. L'agriculture dans son ensemble s'engage d'ailleurs dans cette voie, d'autant plus vite que les collectivités lui passent commande, *via* les contrats de fournitures aux cantines et restaurants collectifs administratifs et d'hôpitaux. C'est le cas à Cahors et à Figeac, les deux capitales du Lot. Les agriculteurs du coin fournissent à des légumeries qui préparent pour les chefs, et tout le monde est content.

Dijon est allée un peu plus loin en créant le label Dijon agroécologie, certifiant l'origine locale et la qualité sanitaire et nutritionnelle des produits, ainsi que leur empreinte carbone et biodiversité. L'aboutissement de longues années de travail avec l'antenne locale de l'Inrae. À la cantine, la cuisine centrale développe l'offre en protéines – locales – végétales, et assure déjà respecter la loi EGalim avant l'échéance de 2022 : 50 % de produits locaux de qualité, dont 35 % de bio. Le prix des repas sera bientôt abaissé à 0,50 euro pour les familles pauvres. Ce projet Alimentation durable 2030 est gouverné notamment par un comité de citoyens.

Faut-il une sécurité sociale alimentaire ?

Certains ont tiré le fil jusqu'au bout. Un chèque alimentaire ? Non, non, une sécurité sociale alimentaire plutôt ! Précisément, il conviendrait de créer "une branche alimentation dans le régime général de la Sécurité sociale, telle qu'elle a été pensée en 1945 : universalité de l'accès, conventionnement des professionnels réalisé par des caisses gérées démocratiquement, alimentées par des cotisations sur la valeur ajoutée. Afin de garantir le fonctionnement démocratique des caisses, des principes sont à définir." L'idée est reprise un peu partout depuis qu'elle a été rédigée conjointement par les associations Ingénieurs sans frontières Agrista, Réseau Salariat, Réseau Civam, la Confédération paysanne, le Miramap, le Collectif Démocratie alimentaire, les Amis de la Confédération paysanne et l'Ardeur.

Cent cinquante euros seraient versés par la Sécu à chacun de nous, car c'est le montant que les associations donnent quand elles ne peuvent fournir d'aliments : 5 euros par jour et par personne. Une somme qui serait versée non sur le compte courant, mais sur un compte dédié, pourquoi pas une carte Vitale alimentaire, ou carrément sur notre carte Vitale. Qui nous servirait à acheter des produits conventionnés selon des critères définis par de nouvelles caisses locales d'assurance alimentation, où siégeraient représentants des usagers, des agriculteurs, des transformateurs, des médecins, etc. La carte permettrait aussi de payer sa cantine. Mais dans quels magasins pourra-t-on la sortir ? Faudra-t-il se rendre dans des officines dédiées, comme pour les médicaments dans les seules pharmacies ? Le collectif ne le dit pas. En revanche, il sait à quels prix : ceux fixés par l'État, une fois encore comme les médicaments. Voilà qui nous ramène au temps de l'Europe de l'Est, celui des files d'attente dans les magasins d'État toujours vides.

L'idée a l'air grotesque, d'autant qu'elle est portée par certains mouvements qui ne jurent que par la sobriété heureuse et la mise au travail des chômeurs dans les champs. Elle n'en est pas moins aussi stimulante que celle du revenu universel. Ainsi que l'écrivent les auteurs du rapport de l'Igas cité dans ce livre, "dès lors que la protection sociale est garantie par la Constitution et que la loi prévoit en outre un droit opposable au logement, il serait parfaitement logique qu'un bien de première nécessité comme l'alimentation soit également garanti dans un cadre mutualisé...", mais le sujet est d'une telle ampleur... que les rapporteurs ne sont pas allés plus loin.

Il faut y réfléchir en regardant ce qu'ont fait les collectivités durant le confinement. L'inventivité a surpassé l'inertie administrative. On voit ce qu'elle aurait donné si la crise avait duré encore plus longtemps : des chèques, des bons, des crédits, des subventions permanentes, appelez l'aide comme vous le voulez, à dépenser dans des magasins ciblés, de petites épiceries, des primeurs, les producteurs du marché, des Amap, les rayons fruits et légumes des grands magasins, voire les produits en conserves et surgelés de ces enseignes.

En réalité, la démocratie alimentaire est déjà là, dans la rénovation de l'urgence vers le soutien permanent à une agriculture et un commerce humains.

POSTFACE

Nous avons rencontré Boris à la ferme. Ce n'est pas qu'il y travaille, mais il circule en permanence dans toute la France, il est difficile à attraper. Ce jour-là, il était dans la ferme du Chasse-Nuage, il avait un peu le temps, il voulait nous montrer l'un de ses fournisseurs. Nous voilà donc dans le Pilat, sous un ciel bleu dur déjà d'altitude, environné par les ondulations douces de la moyenne montagne, des bois d'un vert sombre et des prés où gambadent des chèvres. Sur une table en bois devant la ferme, profitant du soleil un peu froid, Nathalie et Sébastien nous apportent les fromages qu'ils y fabriquent. Ils en ont inventé quelques-uns, ils font aussi la rigote, le petit fromage rond de la région, qui se mange à différents états de maturité, du tendre et frais jusqu'au quasi cristallin, explosif en bouche. Boris, le directeur de l'association Vrac, œil bleu pétillant et contact facile, raconte ce qu'il fait de la façon la plus concrète. Il prend un fromage et nous le montre : "Voilà. Une rigote vendue ici 97 centimes se retrouve à 2 euros chez le fromager, voire plus dans une bonne boutique de centre-ville, puisqu'elle est certifiée bio, produite avec des chèvres qui gambadent toute la journée au grand air. Moi je l'achète 97 centimes, et je la revends 97 centimes dans les cités autour de Lyon, à des gens qui n'iront jamais chez un fromager de centre-ville, c'est le principe de Vrac. Et ça marche. Je lui prends 10 % de sa production, 1 000 fromages par mois. Pour lui, en tant que producteur ça ne change rien, si ce n'est d'avoir un débouché régulier, d'avoir la garantie de ne pas être pressuré par une centrale d'achat, d'avoir à faire un marché en moins dans la semaine. Et puis de participer à quelque chose de bien", termine-t-il en souriant.

Mais qu'est-ce donc que Vrac, qui pratique ainsi le commerce en dépit du bon sens ? Parce que vendre au prix que l'on a acheté, ça ne permet pas de faire fortune.

Rendre les lieux vivables

Pour résumer de la façon la plus concise, Vrac est une association qui vend du bio dans les cités, moins cher qu'à Carrefour (quand il y en a, car l'évolution sociale fait que dans certains quartiers, Carrefour fait figure de boutique de luxe, inaccessible, et donc le plus souvent il n'y en a pas). Même si certains produits sont achetés en gros, distribués en vrac, le nom de l'association n'a rien à voir, c'est un acronyme : "Vers un réseau d'achat en commun". L'idée germe en 2012 des discussions entre deux amis, l'un bailleur social à Villeurbanne et l'autre directeur régional de la Fondation Abbé Pierre. Il faut rendre les quartiers vivables, se disent-ils, qu'ils ne soient plus seulement des lieux de relégation. Il faut de la présence humaine, de la qualité de vie, proposer des services. Dans ces lieux d'interactions denses que sont les villes, les gens ne sont pas le problème mais la ressource. Comment aider à ce que ces ressources s'expriment ? Comment refaire histoire entre les gens ? Comment leur donner envie de dire "nous" ? Cela ressemble à un éloge du lien social, qui est une belle idée un peu vague, mais dans le quotidien concret, les gens ne veulent plus en entendre parler : ils veulent du concret, des thunes, bosser.

Dans ces quartiers Politique de la ville, les cités concentrent la pauvreté, c'est bien sûr un problème, mais ce n'est pas qu'une question de pourcentage et de seuil, c'est une question de réseau social, de disponibilité des services, qu'ils soient publics, sociaux ou commerciaux. Il faudrait développer de nouveaux services, augmenter le pouvoir d'achat par des économies d'échelle, mais aussi lutter contre la fragilité sociale par des dynamiques collectives. Donc Vrac : proposer des modes d'achats groupés pour toutes sortes de choses, des biens, des services, des abonnements, etc.

Redonner de la dignité par ce que l'on mange

Ils pensent commencer par des achats alimentaires, car une ferme propose déjà à Villeurbanne une Amap adaptée aux conditions économiques des cités : des paniers à 5 euros, sans abonnement, et elle fonctionne très bien. Et en fin de distribution, des mamies descendent de leur tour pour négocier les invendus : la précarité frappe brutalement la vieillesse. Et puis un agriculteur de la Drôme leur dit qu'il préférerait venir avec son camion vendre directement ses pêches, plutôt que de les vendre à Lidl qui le maltraite et maltraite tout le monde, ses employés et ses clients, pour tirer sur les prix. Un lien direct entre producteurs fragilisés et consommateurs précarisés est sans doute possible ; on peut vendre à bas prix, de façon éthique, en jouant sur la densité de population des quartiers. Il faut organiser.

C'est là que Boris est recruté.

"J'ai toujours aimé la bouffe, nous dit-il en souriant, pour expliquer simplement son parcours. J'ai toujours aimé manger, et ça me dérange fortement à titre personnel que 8 millions de Français ne puissent pas choisir ce qu'ils mangent, et que faute de moyens, ou d'offre adaptée, ils soient obligés de consommer par défaut."

Pas un poil de graisse sur cet amateur de bonne chère, ce doit être la suractivité, mais il aime goûter à tout, et partager. Son but : rendre accessible une alimentation digne et durable pour le plus grand nombre ; parce qu'il est des alimentations indignes qui humilient ceux qui les mangent et détruisent leur santé, et des alimentations dont la production n'est pas durable, laissant derrière elle un sillage de dégâts écologiques. Au début de sa vie professionnelle, il fonde un restaurant qui fonctionnait en Scop, il s'est constitué un réseau de producteurs en produits locaux de qualité, le plus souvent bios, il vient d'achever un master d'économie sociale et solidaire, et il se sent prêt pour une nouvelle aventure, en suivant les mêmes principes : digne, durable, pour tous.

Tout est à faire. On lui conseille de s'enfermer trois mois dans un bureau pour écrire son projet avant de se lancer. Il nous raconte ça d'un air effaré. Comment peut-on imaginer élaborer un projet social enfermé tout seul dans un bureau ? Un projet d'économie sociale et solidaire, avec comme seules ressources ce que l'on sait à l'avance ? Ce qu'il sait bien faire, c'est d'aller voir les gens : alors, pendant six mois, il arpente les villes de banlieue, il fréquente les centres sociaux, qu'ils soient municipaux ou confessionnels, les mosquées, les collèges, partout où on peut rencontrer des gens. Il participe à des ateliers de pâtisserie et de tricot, il ne parle jamais de bio mais simplement de faire ses courses, il boit énormément de thé sans vraiment aimer ça, mais il est des lieux où c'est le thé qui fait lien. Petit à petit se dessine un tableau des besoins et des souhaits, chose que l'on ne saurait deviner sans aller y voir. Il perçoit un rejet de la grande distribution, du fait de la faible qualité des produits, de l'impossibilité d'établir une relation de confiance avec des producteurs puisqu'ils sont absents, et de la difficulté d'une garantie de halal. Et puis aussi une aspiration à la santé, aux produits sains, au bien-manger dans tous les sens de l'expression, pour soi, pour la famille, pour les enfants. Ce sont le plus souvent des femmes qui lui parlent, ce sont elles qui sont en charge de nourrir tout le monde, d'assurer une continuité de ce lien social profond qu'est la table. Oui, ces femmes des cités qu'il rencontre pendant ces mois d'exploration ont envie de bien faire à manger pour leurs enfants, ce sont leurs mots, elles ont envie d'avoir accès à de bons produits que l'on ne trouve guère en banlieue, car tout simplement elles ont les mêmes préoccupations que tout le monde. Oui, il y a galère économique, mais ça ne les empêche pas de souhaiter faire partie d'un tout, de souhaiter de partager les mêmes préoccupations que ceux qui habitent dans les centres-villes – celui de Lyon n'est pas si loin mais on le croirait sur une autre planète. La banlieue est vaste et diverse, on la fantasme plus qu'on ne la connaît, et on imagine que le bien-manger n'est pas ici une préoccupation prioritaire. Et puis quand on va voir : si.

Progressivement Boris organise des réunions de dégustation où il apporte des produits qu'il a pu identifier comme les plus importants lors des conversations qu'il a eues. On goûte, on bavarde, on trouve ça bon. "Ça vous dirait de vous regrouper pour acheter en gros ces produits-là, et d'autres encore ?" L'idée du groupement d'achat est enfin introduite.

Vrac peut commencer.

Comment ça se passe ? Nous sommes allés voir.

La ruche qui ne dit jamais non

La distribution a lieu à Vaulx-en-Velin, un jour gris au ciel bas uniforme. C'est discret, dans un centre social installé dans un immeuble gris et fonctionnel parmi d'autres immeubles fonctionnels et gris, quasi identiques les uns aux autres à part une plaque dont il faut s'approcher pour la lire. La banlieue c'est comme ça, uniformément gris, un peu de guingois, un peu déprimant à force d'indifférence. Heureusement, il y a les gens. Dès que l'on pousse la porte du centre social, cette impression disparaît : l'accueil est chaleureux, Vrac est là, la journée sera animée.

Dans la grande salle décorée de dessins d'enfants, signés de prénoms qui viennent du monde entier, les salariés et les bénévoles installent des tables pliantes, organisent la caisse, disposent les produits. Une heure d'installation, trois heures de distribution, et ensuite tout sera démonté, replié, rangé, pour laisser place à d'autres activités.

Le logisticien sort des cartons de son Kangoo. Avec son bonnet et son écarteur, il a l'air d'un roadie de groupe de reggae. À part lui, il n'y a là que des femmes. Une salariée de Vrac s'occupe du logiciel de caisse, elle a fait des études de gestion appliquée à l'humanitaire, mais elle préfère s'investir en France, dans des projets à long terme plutôt que dans l'humanitaire d'urgence. Il y a une volontaire du service civique qui coupe et emballe le fromage, un comté du Bugey et un morbier, en fonction des commandes. Il y a deux mamies tornades, investies partout, le voisinage, l'accompagnement scolaire, l'animation du planétarium, j'en oublie, et qui voient arriver le week-end avec soulagement tant elles en font. Il y a une jeune femme qui milite pour la distribution de produits bios accessibles, une autre qui a répondu à l'appel à volontaires lancé par Vrac, parce que le bio, l'alimentation, le social, ça l'intéresse. Arrive une autre jeune femme, avec un accent turc prononcé elle demande si on a besoin d'elle ; elle est aussitôt intégrée à l'équipe, et range les rayons de cette épicerie improvisée.

Dans cette ruche, on nous prend pour des bénévoles, et sans un mot on nous fourre des cartons dans les mains, on nous passe des bouts de fromage minutieusement pesés pour les emballer. Tout le monde s'active avec tant d'énergie que nous n'osons pas refuser tout de suite, et puis, un peu penauds, à haute et intelligible voix, nous avouons que nous ne sommes pas là pour aider, mais pour... voir et raconter. Dans la ruche, nous sommes bourdons. Tant pis pour nous, l'activité reprend.

Pâtes en vrac, miel des environs, farine et amandes, huile bio de Catalogne, jus de pomme, liquide vaisselle, compote, produits d'entretien, tout est bien rangé par catégorie. Pas de produits frais, ce serait impossible à stocker et gérer. Tout est le plus bio, local et équitable possible, tous les producteurs sont connus.

La validation par l'huile d'olive

À 9 h 30, les premiers adhérents arrivent : il faut adhérer pour acheter, la cotisation est de 1 euro par an. Dans les jours précédents, ils ont fait une liste à partir du catalogue disponible en ligne, ou sur papier dans le centre social. Le jour dit, ils viennent chercher leur commande avec sacs, paniers, bouteilles vides. Chacun est pris en charge par un bénévole qui l'aide à rassembler ce qu'il a commandé, les récipients vides c'est pour détailler l'huile ou les détergents présentés en bidon de 5 litres. Quand le panier est plein, il passe à la caisse. C'est un peu désordonné, tout se passe dans un joyeux brouhaha, on vient en couple, en famille, on se reconnaît, on bavarde, on vient parfois pour un litre de jus de pomme et une demi-livre d'amandes, et on reste deux heures tellement il y a à dire depuis la dernière fois. Dans la banlieue grise et fonctionnelle que l'on aperçoit par les fenêtres, il n'y a pas tant d'endroits chaleureux pour se retrouver de façon informelle. Cela a lieu tous les quinze jours, il y a quelques femmes voilées, beaucoup de gens âgés, et on nous dit qu'au lieu de distribution d'à côté, à deux arrêts de bus, c'est l'inverse ; cela dépend du quartier, et puis du bouche-à-oreille qui augmente progressivement le nombre d'adhérents. Certains viennent d'autres quartiers, qui ne sont pas en politique de la ville : pour eux la cotisation annuelle passe à 20 ou 50 euros, et ils s'acquittent d'une marge solidaire de 10 % sur le total de leur commande. Cela pour laisser un libre accès à Vrac, mais en favorisant les habitants des quartiers où la précarité est la plus grande.

Vers 13 heures, il reste quelques invendus, on grignote deux amandes perdues, un copeau de comté tombé de la pesée, et puis on nettoie au doigt l'entonnoir qui sert à transvaser l'huile de Tarragone. Elle est épaisse, verte, d'un goût intense. Boris nous explique que c'était son plus gros défi commercial : "Si j'arrivais à vendre de l'huile d'olive dans les quartiers, je pouvais tout vendre. J'ai fait des dégustations, les femmes ont emporté un petit verre à la maison, et là les hommes sont venus, parce que c'est sérieux, l'huile, ils avaient tous des filières spéciales avec des gens de confiance au pays, pour éviter le pauvre produit que l'on trouve en supermarché. Ils flairaient, goûtaient, secouaient, observaient le pétillement à peine audible, la mousse, le dépôt, et d'un air très sérieux ils donnaient le verdict : elle est bonne. Elle se vend très bien : bio, vierge, première pression à froid, et moins chère qu'à Lidl." Tout est démonté et rangé, le sol nettoyé, la salle redevient un peu neutre, décorée de dessins d'enfants, silencieuse, on la reconnaît à peine : pendant quelques heures elle a été une place de marché.

Courir après les fonds

Ça marche. Il y a treize points de distribution dans l'agglomération lyonnaise, quatre salariés et deux services civiques, plus de 1 000 familles adhérentes et une centaine de bénévoles. Mais depuis le début une question reste en suspens : comment ça peut marcher s'il n'y a pas de marge ? Quel est le modèle économique de cette vente si bon marché, en des lieux où les boutiques sont absentes, et où même les hypers ont du mal ?

"Des marges ? Si j'en fais, les produits redeviennent inaccessibles, trop chers.

— Mais alors ? La structure, comment est-elle financée ? Les salariés, le hangar de stockage, le Kangoo, le bureau...

— De la débrouillardise, des prêts de locaux, des bénévoles, et puis des fonds ; il faut lever des fonds, comme toutes les ONG. Le coût global est d'environ 200 000 euros (pour un chiffre d'affaires d'environ 250 000 euros) et mon rôle, de plus en plus, est de convaincre que ce que l'on fait est socialement utile, pour qu'on le finance. Ce sont des bailleurs sociaux pour un quart, des municipalités, des fondations comme La France s'engage ou Carasso. C'est une permanente chasse aux fonds, parce que le social coûte et qu'il ne peut se financer lui-même comme on essaie de nous le faire croire, à moins de perdre si ce n'est son âme, du moins une bonne part de son caractère social. Mais ce qui est financé, ce ne sont pas des subventions aux produits alimentaires, c'est tout un processus de construction sociale : dans ces quartiers politique de la ville, qui accumulent tous les handicaps, Vrac crée du lien, de l'affiliation, rend service, fait fonctionner un modèle de production et de distribution en dehors de l'agro-industrie et de la distribution *low cost*. Comme chacun a un intérêt à participer au collectif, le lien se crée."

Une autre idée lui vient (cet homme est un générateur d'idées) : organiser des concours de cuisine. *Top chef* et d'autres émissions de cuisine-réalité ont largement popularisé la cuisine comme création, performance, sport collectif, les émissions ont rendu la cuisine visible, ont donné à tous l'envie de s'y mettre en donnant sa chance à chacun. Boris décide d'organiser des concours dans les cités, pas la peine d'expliquer, ça passe à la télé, tout le monde en connaît le principe. L'été c'est dehors, entre les barres, au pied des tours, l'hiver à l'abri des centres sociaux.

La cuisine et le potager

Le jury est constitué de professionnels, chefs étoilés ou pas, journalistes culinaires, et les participants sont des gens du quartier. Nous sommes allés voir, au centre social de la Sauvegarde à la Duchère. La grande salle est bondée, une foule bavarde et joyeuse se presse sur les chaises installées pour l'occasion, on est venu en famille, en voisins, tout le monde se connaît, ravi de se retrouver. Sur une estrade, le jury, avec les cuisiniers vêtus de leur tunique professionnelle. Les concurrentes arrivent, des femmes tout émues fendent la foule en tenant bien serrées leurs assiettes où le plat est dressé selon les codes gastronomiques qui font maintenant partie de la culture commune. On les applaudit, elles rougissent, elles annoncent le titre de leur plat devant le jury souriant. Et puis ils goûtent, l'air grave, consignant des remarques sur les fiches de notation. Et puis le plat passe dans la salle avec des petites cuillères de bambou, pour que tout le monde puisse goûter. On ne s'en prive pas, on s'exclame, on commente, on passe au suivant. "On va avoir quinze couscous", avait ronchonné un chef avant de participer au premier concours. Visiblement non, c'est créatif et divers, mêlant exotisme et francité dans un équilibre délicieux qui serait comme une banlieue heureuse. "Les pauvres ne savent pas cuisiner", entend-on parfois dans le milieu caritatif lors des moments de découragement. Ben tiens, venez donc voir là. Ça dure deux ou trois heures, les applaudissements ne faiblissent pas tout du long, la vainqueure est proclamée, c'est l'ovation.

On ne s'en lasse pas, c'est toujours plein, alors Boris invente une idée un peu plus vaste : un film. Il rejoint le Réseau Marguerite, une association animée par une chercheuse à l'ENS sur les questions de justice alimentaire. Elle a créé un kit pédagogique à destination de professeurs qui veulent travailler sur les questions d'alimentation. Avec des classes de sixième et de cinquième de deux collèges de Vénissieux, dans ce quartier des Minguettes emblématique de l'agitation des banlieues, avec leur professeur d'histoire-géo, Boris propose un concours de cuisine. Il ne sera que le but, en fin d'année, il sera préparé par toutes sortes d'activités, d'apprentissages, de visites pendant toute l'année scolaire. C'est un projet global, éducatif et citoyen, visant à former de futurs acteurs dans le domaine de l'alimentation.

Les élèves apprennent donc des notions de cuisine, de nutrition, ils apprennent à être jury gastronomique en utilisant des critères précis et méthodiques, ils apprennent l'esthétique, le dressage, l'équilibre. Ils visitent l'Institut Paul Bocuse dans son impressionnant château, un lycée professionnel consacré aux métiers de bouche, où ils prennent un déjeuner aux normes de la grande restauration, expérience rare pour ces gamins de banlieue. Ils vont dans les monts du Lyonnais visiter des exploitations agricoles, ils mettent les mains dans la terre, plantent, récoltent, réalisent que l'agriculture n'est pas pauvre et rustique, mais très technique. Ils apprennent des choses aussi simples que l'origine des légumes, petits urbains qui ne récoltent que dans les bacs des supermarchés. "Ça m'a surpris de voir les petits pois sortir de leurs fleurs", dit une adolescente émerveillée. Et quand on distribue de la roquette, les réactions sont vives, entre stupéfaction et fous rires : "On goûte ? dit une jeune fille en tenant la feuille entre deux doigts. Madame, on est comme des vaches maintenant ?" Ils goûtent, ils sont surpris, c'est de la salade. Dans ce film, on voit en des images simples et belles un jeune garçon mastiquant de façon méditative un radis qu'il a arraché du sol, lavé, croqué. Sa concentration intense sur le goût et la texture est l'image forte de la réussite de ce projet d'éducation, qui enrichit tout le monde, adolescents comme adultes. "On pensait aux enfants, mais on ne prévoyait pas l'impact que ça aurait sur nous, dit leur enseignante, émue, une fois le projet achevé. Ça nous a secoués..."

Voilà Vrac : c'est de la cuisine sociale et solidaire, qui s'intéresse au plaisir, au partage, au côté fédérateur de cette activité si archaïque qu'est la cuisine.

"Notre but, ce n'est pas de vendre plus, dit Boris. Pour ça, je tiendrais plutôt tous les jours des stands au pied des tours, ce serait bien plus efficace. Le but de Vrac, c'est que les habitants des quartiers populaires puissent accéder à des produits bios et locaux, en se rassemblant, en s'auto-organisant, en se formant, en faisant fonctionner par eux-mêmes des structures à la fois intéressantes économiquement et créatrices de lien. C'est ça, l'accès digne et durable à une alimentation de qualité : s'en emparer par soi-même, collectivement."

Les cités sont le fond de la relégation sociale, et celles de Lyon ne sont pas les pires de France. On y vient contraint, on y vient de partout, le réseau associatif y est précieux parce que les modes classiques d'affiliation sont ici absents, ou déstructurés. Modestement, Vrac joue son rôle en rassemblant les gens, en créant une communauté d'adhérents, une communauté de bénévoles, des lieux et des temps de rencontre réguliers. En plus des distributions et des concours, des ateliers de cuisine sont organisés, et des visites aux producteurs dans la campagne environnante, Bugey et monts du Lyonnais. Mais ce fragile réseau, il faut sans cesse l'entretenir, la diversité et la précarité de la population de ces quartiers érodent toute structure. Pour que les gens d'ici viennent, il ne faut pas attendre, il faut aller les chercher. Quand les groupements d'achat se contentent d'être une offre, si alléchante soit-elle, cela ne concerne le plus souvent que les classes moyennes diplômées, précarisées peut-être, mais partageant la culture du commerce alternatif : celles-là viendront d'elles-mêmes, elles savent de quoi il est question, c'est une culture de classe. Dans les cités, tout est plus divers, il faut montrer en permanence que la proposition est sérieuse et intéressante. Alors Vrac vient devant les tours, installe des tables, se fait connaître, présente ses produits, fait goûter, explique inlassablement. Ces dégustations au pied d'immeubles où les relations sont directes, de personne à personne, établissant lentement la confiance, sont la seule façon de concerner ce public si différent de celui des centres-villes. Dans la France ségréguée, la mixité sociale n'est plus naturelle, il faut des efforts constants pour qu'elle se réalise, et Vrac met en œuvre ce choix-là.

Le principe se répand, accueilli avec enthousiasme dans d'autres villes : Vrac essaime à Strasbourg, Bordeaux, Toulouse, Paris, Nantes, neuf villes françaises à ce jour, se répand à Bruxelles et Lausanne… Le Vrac d'origine, celui de l'agglomération lyonnaise, s'est bien développé, il est maintenant un acteur important de la lutte contre la précarité alimentaire : le chiffre d'affaires annuel atteint 300 000 euros (c'est-à-dire 300 000 euros de produits alimentaires distribués à prix coûtant), ce sont quatorze groupements d'achat dans autant de quartiers, et deux sur les campus universitaires, car la précarité alimentaire est aussi un problème d'étudiants. Il y a maintenant cinq salariés, une directrice dont le rôle de développement et de lien dépasse de loin la tenue de caisse des débuts, trois chargés de mission, un logisticien. Mais rien n'est simple, la guerre du bio fait rage dans la grande distribution, qui utilise sa force de frappe commerciale pour envahir ces marchés défrichés par les associations : les marques bios des hypermarchés viennent concurrencer Vrac, si ce n'est sur la qualité et la proximité, au moins sur le prix.

Boris est Vrac France maintenant, il organise, communique, invente, il contribue à la fondation des Vrac locaux avec des acteurs locaux, qui ensuite fonctionnent en toute autonomie. Il semble partout, on ne voit que lui lorsqu'on parle de Vrac, mais c'est qu'il s'occupe de promouvoir et de convaincre, alors c'est sur lui que les caméras s'arrêtent, c'est lui que l'on interroge, il est rôdé maintenant ; et il nous quitte pour aller prendre le train : il y passe sa vie, maintenant.

Colibris est une ONG qui encourage une dynamique de créativité au sein de la société civile. Sa mission consiste à inspirer, relier et soutenir ceux qui veulent construire une société écologique et humaine.

Éducation, économie, agriculture, énergie, habitat..., l'association met en lumière les solutions les plus abouties dans chaque domaine et propose des outils concrets pour favoriser leur mise en œuvre sur des territoires. La méthode Colibris facilite la coopération entre citoyens, élus, entrepreneurs, et permet à chacun d'agir, individuellement ou collectivement, sur son lieu de vie.

Les Colibris, ce sont tous ces individus qui inventent, expérimentent, coopèrent concrètement pour bâtir des modèles de vie en commun respectueux de la nature et de l'être humain.

Fondée sous l'impulsion de Pierre Rabhi en 2007, Colibris appartient au réseau Terre et Humanisme, dont la vocation de chaque structure est d'encourager l'émergence et l'incarnation de nouveaux modèles de société par une politique en actes.

La collection "Domaine du possible", dans laquelle ce livre est édité, est le fruit d'une collaboration et d'une amitié entre Actes Sud et Colibris entamées en 2007.

Pour plus d'information : www.colibris-lemouvement.org

Carasso
Daniel & Nina
Fondation sous l'égide de la Fondation de France

La Fondation Daniel et Nina Carasso œuvre pour une transformation de notre société, plus écologique, inclusive et épanouissante. Elle s'engage dans deux grands domaines que sont l'Alimentation Durable, pour un accès universel à une alimentation saine, respectueuse des personnes et des écosystèmes ; et l'Art Citoyen, pour le développement de l'esprit critique et le renforcement du lien social. Elle accompagne des projets en France et en Espagne en mobilisant des moyens financiers, humains et en concevant des actions ciblées. Mue par l'objectif d'impact social, elle fonde son travail sur la recherche, les savoirs empiriques, l'expérimentation, l'évaluation et le partage des apprentissages.

Pour plus d'information : www.fondationcarasso.org

CATALOGUE DU DOMAINE DU POSSIBLE

ÉDUCATION

… Et je ne suis jamais allé à l'école, André Stern, 2011.
La Ferme des enfants, Sophie Bouquet-Rabhi, 2011.
Ces écoles qui rendent nos enfants heureux, Antonella Verdiani, 2012.
Enseigner à vivre, Edgar Morin, 2014.
L'École du Colibri, Isabelle Peloux et Anne Lamy, 2014.
Libre pour apprendre, Peter Gray, 2016.
La paix ça s'apprend !, Thomas d'Ansembourg et David Van Reybrouck, 2016.
Jouer, André Stern, 2017.
Pourquoi j'ai créé une école où les enfants font ce qu'ils veulent, Ramïn Farhangi, 2018.
Guide du cerveau pour parents éclairés, Stéphanie Brillant, 2019.
Les Yeux dans les yeux, Sherry Turkle, 2020.
Dessine-moi un avenir, Rodrigo Arenas, Édouard Gaudot et Nathalie Laville, 2020.

ALIMENTATION

Manger local, Lionel Astruc et Cécile Cros, 2011.
Le Manuel de cuisine alternative, Gilles Daveau, 2014.
Poisons cachés ou plaisirs cuisinés, Gilles-Éric Séralini et Jérôme Douzelet, 2014, 2017.
À la recherche du pain vivant, Roland Feuillas et Jean-Philippe de Tonnac, 2017.

AGRICULTURE ET PÊCHE

L'Agriculture biologique pour nourrir l'humanité, Jacques Caplat, 2012.
Le Manuel des jardins agroécologiques, Terre et humanisme, préface de Pierre Rabhi, 2012.
Changeons d'agriculture, Jacques Caplat, 2014.

L'Agroécologie, une éthique de vie, Pierre Rabhi, 2015.
Permaculture, Perrine et Charles Hervé-Gruyer, 2017.
Pour une révolution dans la mer, Didier Gascuel, 2019.
L'agroécologie peut vous sauver, Marc Dufumier et Olivier Le Naire, 2019.
Qui nourrit réellement l'humanité ?, Vandana Shiva, 2020.

ÉCONOMIE, MANAGEMENT ET POLITIQUE
Le Syndrome du poisson lune, Emmanuel Druon, 2015.
Équicoaching. L'intelligence émotionnelle au cœur de l'entreprise, Jean-Paul Bérard, Arnaud Camus et Laurence Flichy, 2016.
Écolonomie, Emmanuel Druon, 2016.
Le Pouvoir de faire, Jack Lang et Patrick Bouchain, 2016.
Le Revenu de base, Olivier Le Naire et Clémentine Lebon, 2017.
Ces maires qui changent tout, Mathieu Rivat, 2017.
L'Économie symbiotique, Isabelle Delannoy, 2017.
Le Maire qui aimait les arbres, Jean Chalendas, 2017.
À mon allure, William Kriegel, 2018.
La Voie des paysans, Frans van der Hoff Boersma, 2019.
Écolonomie 2 : la transformation créatrice, Emmanuel Druon, 2020.
Libérer son entreprise, Pierre-Yves Antras, 2021.
Reconstruire sur les ruines du capitalisme, George Monbiot, 2021.

ÉNERGIE
Manifeste négaWatt, Marc Jedliczka, Yves Marignac et Thierry Salomon, 2012, 2015.
Changeons d'énergies, Marc Jedliczka et Thierry Salomon, 2013, 2015.
Dieselgate, Karima Delli, avec Xavier Maurel, 2019.

INITIATIVES DE LA SOCIÉTÉ CIVILE
Éloge du génie créateur de la société civile, Pierre Rabhi, 2011.
(R)évolutions, Lionel Astruc, 2012, 2014.

Pierre Rabhi, semeur d'espoirs, Olivier Le Naire et Pierre Rabhi, 2013.
Vandana Shiva. Pour une désobéissance créatrice, Lionel Astruc, 2014.
Les Incroyables Comestibles, Pam Warhurst et Joanna Dobson, 2015.
Demain. Un monde nouveau en marche, Cyril Dion, 2015, 2018.
Le Pouvoir d'agir ensemble, ici et maintenant, Rob Hopkins et Lionel Astruc, 2015.
Le Cercle vertueux, Nicolas Hulot et Vandana Shiva, entretiens avec Lionel Astruc, 2018.
Petit manuel de résistance contemporaine, Cyril Dion, 2018.
Coffret Manifeste et Plaidoyer pour la Terre, Pierre Rabhi et Sabah Rahmani, 2019.
Paroles des peuples racines, Sabah Rahmani, 2019.
Les Médias, le monde et nous, Anne-Sophie Novel, 2019.
François Sarano, réconcilier les hommes avec la vie sauvage, Coralie Schaub, 2020.
Imaginer le monde de demain, Gilles Vanderpooten, 2020.
Vers un numérique responsable, Vincent Courboulay, 2021.

ÉCOLOGIE ET BIODIVERSITÉ

Du bon usage des arbres, Francis Hallé, 2011.
Plaidoyer pour l'herboristerie, Thierry Thévenin, 2013.
La Biodiversité, une chance, Sandrine Bélier et Gilles Luneau, 2013.
Earthforce, capitaine Paul Watson, 2015.
Arne Næss. Pour une écologie joyeuse, Mathilde Ramadier, 2017.
Le Syndrome de l'autruche, George Marshall, 2017.
Drawdown. Comment inverser le cours du réchauffement planétaire, Paul Hawken, 2018.
Renaissance écologique, Julien Dossier, 2019.
Marseille ville sauvage, Baptiste Lanaspèze, 2020.
Raviver les braises du vivant, Baptiste Morizot, 2020.
Océan plastique, Nelly Pons, 2020.

MÉDECINE, NAISSANCE ET PRÉPARATION À L'ACCOUCHEMENT

Mère et père en devenir, Esther Wiedmer, 2015.

Pour une grossesse et une naissance heureuses, Magali Dieux, Patrice Van Eersel et Benoît Le Goëdec, 2015.

Bougez, faites confiance à votre dos !, Marc Picard, 2018.

Artemisia. Une plante pour éradiquer le paludisme, Lucile Cornet-Vernet, avec Laurence Couquiaud, 2018.

Le Pouvoir du lien, Hélène Viruega-Bogros et Manuel Gaviria, 2020.

L'Incroyable Pouvoir du souffle, Stéphanie Brillant, 2021.

Ouvrage réalisé par Nord Compo.
Achevé d'imprimer en mars 2021
par Normandie Roto Impression s.a.s. 61250 Lonrai
sur papier fabriqué à partir de bois provenant
de forêts gérées durablement
pour le compte des éditions Actes Sud,
le Méjan, place Nina-Berberova,
13200 Arles

Dépôt légal : avril 2021
N° d'impression : 2100911
(Imprimé en France)